Grenzbereich zwischen Leben und Tod

Grenzbereich zwischen Leben und Tod

Klinische, juristische und ethische Probleme

Von Paul Fritsche

13 Abbildungen mit 21 Einzeldarstellungen

Georg Thieme Verlag Stuttgart 1973

Prof. Dr. med. habil. *Paul Fritsche*
Institut für Anästhesie der Universitätskliniken
Homburg (Saar)

ISBN 3 13 497101 1

Vorwort

Bei der Ausschöpfung aller Möglichkeiten der heutigen Medizin tritt vor allem in der Grenzphase zwischen Leben und Tod die Ambivalenz des Fortschritts immer deutlicher zutage. Mit ihr sieht sich neben anderen klinischen Disziplinen auch die Anästhesiologie in zunehmendem Maße konfrontiert. Im Wissen um die begrenzte eigene Zuständigkeit wird der Versuch unternommen, die Problematik anhand klinischer Beispiele aufzuzeigen, dabei sowohl medizinische als auch juristische, soziale, ökonomische und besonders ethische Gesichtspunkte zu erörtern, zur Klärung dieses Fragenkreises beizutragen und zu weiteren Diskussionen anzuregen.
Es handelt sich dabei vor allem um die Definition des Todes, die Ausarbeitung zuverlässiger Todeskriterien, die Feststellung des Todes und des Todeszeitpunktes sowie um die verantwortungsvolle Entscheidung des Verzichts auf eine aufwendige Therapie von vornherein bei Patienten mit sicher infauster Prognose bzw. der Einstellung einer bereits begonnenen Behandlung.
Je intensiver man sich mit den aktuellen Problemen im Grenzbereich zwischen Leben und Tod beschäftigt, desto mehr gelangt man zu der Überzeugung, daß die Aufstellung allgemeingültiger Richtlinien für das ärztliche Verhalten auf allergrößte Schwierigkeiten stößt. Darüber hinaus überschreitet die Bedeutung dieser Problematik für das einzelne Arzt-Patient-Verhältnis wie auch für die Gesellschaft bei weitem die Kompetenzen eines einzelnen und auch der Medizin.

In Gewissensfragen gibt es keine Zuständigkeit,
aber – auch keine Unzuständigkeit.

So ergibt sich die Notwendigkeit zu umfassender Einbeziehung der Meinungen, Ansichten und Überzeugungen der Vertreter anderer wissenschaftlicher Disziplinen und zur Zurückhaltung im eigenen Urteil. Im Hinblick auf die ständige Entwicklung in der Heilkunde kann es sich in dieser Arbeit also nicht um eine endgültige, sondern nur um eine vorläufige Stellungnahme handeln.
Obwohl Patienten aus nahezu allen Kliniken, in denen ich bisher tätig gewesen bin, Anlaß zu vielen der hier erörterten Gedanken gegeben haben, möchte ich für die Erlaubnis zur Auswertung der Krankheitsverläufe und der Obduktionsbefunde sowie für die verständnisvolle Unterstützung in der Behandlung dieser problemreichen Fragen vor allem folgenden Herren meinen besonderen Dank aussprechen:
Prof. Dr. *G. Dhom*, Dr. *D. Fischer*, Prof. Dr. *R. Frey*, Prof. Dr. *H.-D. Herrmann*, Prof. Dr. *K. Hutschenreuter*, Dr. *R. Kivelitz*, Prof. Dr. *W. Kley*, Prof. Dr. *F. Loew*, Prof. Dr. *H. Lüdeke*, Prof. Dr. *H. Mittelmeier*, Prof. Dr. *F. Mörl*, Prof. Dr. *H. Palleske*, Prof. Dr. *H.-J. Wagner*.
Herrn Dr. med. h. c. *G. Hauff* und seinen Mitarbeitern im Georg Thieme Verlag danke ich vielmals für die sofortige Übernahme des Manuskriptes sowie die erfreuliche und anregende Zusammenarbeit.

Homburg, im Frühjahr 1973 *Paul Fritsche*

Inhaltsverzeichnis

Vorwort V

Wandel in der Medizin 1

Anästhesie im engeren Sinne 1

Reanimation 2

Intensivtherapie 4

Ambivalenz des medizinischen Fortschritts 5

Wissen um die eigene Zuständigkeit und Unzuständigkeit 8

Definition des Todes 10

Feststellen des Todes 24

Allgemeines 24

Kriterien für den Hirntod 24

Feststellen des Todeszeitpunktes 37

Juristische Gesichtspunkte 40

Hilfeleistungspflicht im Bereich des Todes 42

Unterlassene Hilfeleistung 43

Verzicht auf Maßnahmen der Wiederbelebung und Intensivtherapie 44

Schwedische Präzedenzfälle 48

Die Rolle der Angehörigen aus der Sicht des Rechts 49

Sozialethische und ökonomische Gesichtspunkte 52

Ethische Gesichtspunkte 57

Allgemeines 57

Durchführbarkeit der Therapie als Indikation 59

Erhaltung des Lebens mit allen Mitteln 59

Arzt-Patient-Verhältnis – eine technische Begegnung? 61

Verlängerung des Lebens um jeden Preis 62

Opponieren gegen den Tod 64

Verzicht auf eine Therapie 66

Einstellung der Therapie 73

Das Recht zum Sterben 77

Einwilligung des Patienten 80

Die Rolle der Angehörigen oder anderer Institutionen aus ethischer Sicht . . . 80

Ärztliche Entscheidungen 81

Verantwortung des Arztes 82

Zusammenarbeit mit anderen Kollegen und Vertretern anderer Wissenschaften . 85

Kriterien des Hirntodes in einzelnen Ländern 92

Literatur 97

Sachverzeichnis 108

Wandel in der Medizin

„Wandel gehört zum Wesen des Lebens, und das Tempo des Wandels im menschlichen Leben unserer Zeit wird durch den raschen Fortschritt der Technik in einem unerhörten Grade beschleunigt.“ Diese vom anthropologischen und allgemein-menschlichen Gesichtspunkt aus getroffene Feststellung von *Toynbee* (1970a) besitzt auch ihre Gültigkeit für die Entwicklung der Medizin in der jüngsten Vergangenheit. Dazu hat die Anästhesiologie vor allem in den beiden letzten Jahrzehnten einen bedeutungsvollen und in mancher Hinsicht entscheidenden Beitrag geliefert. Er erstreckt sich im wesentlichen auf drei Tätigkeitsbereiche:

1. Anästhesie – im engeren Sinne –
2. Reanimation
3. Intensivtherapie.

Anästhesie im engeren Sinne

Zur besseren Durchführung einer – örtlichen oder allgemeinen – Schmerzausschaltung steht dem Anästhesisten eine Vielzahl von Mitteln und Adjuvantien mit spezifischer Wirkungsweise, guter Steuerbarkeit und geringen Nebenerscheinungen zur Verfügung, so daß ihm ein zielgerichtetes Vorgehen ermöglicht wird. Mit der Konstruktion moderner Anästhesiegeräte und -instrumente wurden ferner technische Voraussetzungen geschaffen, die Anästhesiemittel exakt dosieren und die Anästhesiemethode den Besonderheiten des jeweiligen Patienten und dem operativen Eingriff anpassen zu können. Durch zusätzlichen Einsatz von Muskelrelaxantien unter gleichzeitiger adäquater künstlicher Beatmung kann über fast beliebig große Zeiträume eine relativ oberflächliche und damit sehr schonende Narkose aufrechterhalten werden. Auf diese Weise ist es möglich, das Anästhesierisiko auf ein Minimum zu reduzieren.
Darüberhinaus wurden in Anpassung an die Besonderheiten der einzelnen medizinischen Fachdisziplinen spezielle Verfahren zur Schmerzausschaltung bei diagnostischen und operativen Eingriffen für alle Altersklassen und Risikogruppen entwickelt. Auch Störungen des Milieu intérieur durch die Grundkrankheit, Nebenerkrankungen, den operativen Eingriff oder die Anästhesie lassen sich heute weitgehend erfassen und durch entsprechende Maßnahmen wenigstens teilweise kompensieren. Häufig gelingt sogar eine Wiederherstellung der gestörten Homöostase.
Voraussetzungen dazu waren eine Vertiefung und Erweiterung der theoretischen Kenntnisse in den Grundlagenfächern, auf den Gebieten der Pathophysiologie und Pharmakologie sowie auch der operativen Disziplinen und ebenso eine konsequente Förderung der klinisch-praktischen Fähigkeiten des Anästhesisten.
Dieser Ausbau der Anästhesiologie war zweifellos für die Ausdehnung der operativen Indikationsbreite bis in extremste Altersstufen in hohem Maße mitverantwortlich. Damit einhergegangen ist – wie international allgemein anerkannt wird – eine Minderung des gesamten Operationsrisikos. Von dieser Entwicklung hat beispielsweise die Chirurgie im Neugeborenen- und Greisenalter besonders profitiert.

Zur Verdeutlichung der durch die neuzeitliche Anästhesie bedingten erweiterten Operationsmöglichkeiten seien nur einige besonders instruktive Beispiele angeführt:

- Eingriffe bei Frühgeborenen, z.B. wegen Ösophagusatresie, Meningomyelozele, Zwerchfellhernie,
- Eingriffe am Herzen mit Eröffnung beider Pleurahöhlen und in besonderen Fällen unter Anwendung der extrakorporalen Zirkulation, z.B. zum Verschluß eines Kammerseptumdefektes oder Herzklappenersatz,
- Operationen in kontrollierter Hypothermie („künstlicher Winterschlaf"), z.B. zur Beseitigung von Hirnaneurysmen, Exstirpation großer Meningeome oder zu Strumaresektionen bei schwerster Thyreotoxikose,
- Eingriffe mit kontrollierter Blutdrucksenkung, z.B. zur Entfernung gefäßreicher Hirntumoren oder Resektion und plastischen Überbrückung einer Aortenisthmusstenose.

Diese erweiterten Möglichkeiten der operativen Medizin konnten nur durch eine enge und verständnisvolle Zusammenarbeit zwischen den Vertretern der operativen Fächer und der Anästhesie erreicht werden. Zudem ist während der präoperativen Vorbereitung und der postoperativen Nachbehandlung auch sinnvolles Zusammenwirken mit Vertretern konservativer klinischer Fachdisziplinen nötig. Schließlich hat ebenso die Grundlagenforschung der modernen Medizin wesentliche Impulse vermittelt und zur Klärung zahlreicher wissenschaftlicher und klinischer Fragestellungen auch auf dem Gebiete der Anästhesiologie beigetragen.

Reanimation

Es kann keinem Zweifel unterliegen, daß jede Anästhesie – insbesondere jede Form von Narkose – eine unphysiologische Maßnahme darstellt, einen Eingriff in die Lebensfunktion des Patienten bedeutet und nicht selten einen Zustand herbeiführen muß, „welcher mehr zum Tode als zum Leben tendiert" (*Pokorny* 1966). Hinzu kommt die mehr oder weniger erhebliche Belastung des Patienten durch die operativen Maßnahmen selbst. Dem Anästhesisten fällt deshalb auch die Aufgabe zu, die vitalen Funktionen des Patienten zu überwachen, aufrechtzuerhalten sowie in Einzelfällen sogar zu ersetzen (z.B. künstliche Beatmung, Volumenersatz, Stabilisierung der Kreislaufverhältnisse). Da der Ausfall vitaler Funktionen nicht nur während Anästhesien und Operationen frühzeitig erkannt und korrigiert werden muß und sich der Anästhesist mit den entsprechenden Problemen tagtäglich zu beschäftigen hat, ist er im Laufe der Entwicklung der modernen Anästhesiologie auch zum Spezialisten für Fragen der Wiederbelebung geworden. Es nimmt deshalb nicht wunder, daß Vertreter der Anästhesiologie an der Wiederentdeckung und Modernisierung von Methoden zur Wiederbelebung, vor allem von Atmung und Kreislauf, maßgeblich beteiligt sind (*Poulsen* 1960; *Safar* 1968). Daher hat auch die offizielle Bezeichnung der nationalen Fachgesellschaften als „Gesellschaft für Anästhesiologie und Reanimation" in nahezu allen zivilisierten Ländern allgemeine Anerkennung gefunden.
Mit diesen Methoden zur Wiederbelebung (Reanimation, Resuszitation) ist es in allen Ländern der Welt gelungen, ungezählte Menschen vor dem Tode zu bewahren, ihnen ihre Gesundheit zurückzugeben und sie ihren Familien und der Gesellschaft zu erhalten. Jeder Einzelfall stellt für jeden der beteiligten Ärzte eine „Sternstunde der Medizin" dar, wie ich sie z.B. bei der Beteiligung an der erfolgreichen operativen

Behandlung von fulminanten Lungenembolien nach *Trendelenburg* erleben durfte (*Schober* u. Mitarb. 1962b) und wie sie in glücklichen Ausnahmefällen auch bei schwerster Polytraumatisation erwartet werden können. Nachfolgend seien drei derartige Beispiele angeführt:

Beispiel 1: 21jährige Frau
Die Patientin, aus deren Anamnese eine Beckenvenenthrombose rechts nach einer normalen Schwangerschaft im Jahre 1960 hervorzuheben ist, unterzog sich am 9.2.1962 einer Cholezystektomie in Endotrachealnarkose. Unauffälliger postoperativer Verlauf in den ersten vier Tagen. Am Morgen des 5. Tages Druckgefühl in der Herzgegend. Bei der Defäkation am späten Nachmittag plötzliche Übelkeit, Angstgefühl und schnell einsetzende Bewußtlosigkeit. Verdacht auf massive Lungenembolie. Sofortiger Transport in den Operationssaal. Nach Ankunft plötzlicher Herzstillstand mit Aussetzen der Atmung und Erweiterung der Pupillen. Sofortige Intubation und künstliche Beatmung, Thorakotomie, Perikarderöffnung und weiteres Vorgehen nach *Trendelenburg* bzw. *Vosschulte*. Aus der A. pulmonalis wurden ein ca. 14 cm langer fingerstarker Embolus mit der Zange und kleinere Emboli mit dem Sauger entfernt. Nach direkter Herzmassage, Ligatur der V. cava inferior zur Verhinderung einer Rezidivembolie und intensiver Schockbehandlung (u.a. Dextran, 3000 ml Blut, Noradrenalin, Strophanthin, 40%ige Lävulose zur Prophylaxe eines Hirnödems) kam der Kreislauf wieder in Gang und blieb stabil. Am 2. postoperativen Tage war die Patientin wieder völlig bei Bewußtsein, jedoch retrograd noch amnestisch. Der weitere Verlauf war durch Bronchopneumonien beiderseits kompliziert. Nach deren Ausheilung konnte die Patientin am 25. Tage aufstehen und acht Tage später bei gutem Allgemeinbefinden nach Hause entlassen werden.

Beispiel 2: 21jähriger Mann
Dieser Pkw-Fahrer erlitt bei einem Frontalzusammenstoß folgende Verletzungen: Schädelbasis-, Oberschenkel- und Unterschenkelfraktur, Riß des linken Zwerchfells mit Durchtrennung des N. phrenicus, massiver Hämatothorax links, Milz- und Leberruptur, Einriß des Mesenteriums.
Trotz massiver Bluttransfusionen und künstlicher Beatmung über ein sofort angelegtes Tracheostoma Verschlechterung der Kreislaufsituation. Umgehende operative Versorgung noch auf der Trage ohne Rücksichtnahme auf streng aseptisches Vorgehen. Im EKG nach Lagerung auf die rechte Seite QRS-Komplex in Ableitung III wie abgeschnitten. Verdacht auf partielle Herzeinklemmung. Bestätigung dieser Verdachtsdiagnose bei linksseitiger Thorakotomie: Nach Entleerung des massiven Hämatothorax Teileinklemmung des linken Ventrikels in einem Perikardeinriß nachweisbar. Normalisierung des EKG-Befundes nach Behebung der partiellen Herzeinklemmung. Splenektomie durch das zerrissene Zwerchfell hindurch. Naht des Leberrisses und der Einrisse im Mesenterium. Verschluß der Zwerchfellruptur und auch des Perikardeinrisses.
Am Abend des Aufnahmetages erneut schwerer hämorrhagischer Schock. Zunahme des Bauchumfanges. Laparotomie unter Massivtransfusion. Arterielle Blutung aus einem Mesenterialgefäß. Operative Blutstillung. Postoperativ Fortsetzung der Intensivtherapie unter Einsatz künstlicher maschineller Beatmung.
Am nächsten Tage wiederum schwerster hämorrhagischer Schock mit konsekutivem Herzstillstand. Pupillen maximal weit und reaktionslos. Offensichtlich totaler Funktionsausfall des Gehirns. Trotzdem Entschluß zur Wiederbelebung: Rethorakotomie, direkte Herzmassage, massive Kreislaufauffüllung. Sehr bald wieder Ingangkommen normaler Herzaktion. Überraschenderweise hatte der Verletzte diesen schier aussichtslosen Zustand überstanden. U.a. Dauerbeatmung über 17 Tage. Mehrfache Komplikation des Heilverlaufes durch schwere massive Schockzustände infolge er-

heblicher Magen-Darm-Blutungen (Streßulzera). Operative Versorgung der Extremitätenfrakturen vier Wochen nach dem Unfall. Insgesamt wurden während des 4monatigen Klinikaufenthaltes 103 Blutkonserven zu je 500 ml verabreicht. Entlassung als geheilt. Volle berufliche Leistungsfähigkeit als Kfz-Schlosser und Tankstellenbesitzer.

Beispiel 3: 27jähriger Mann
Am 16.1.1964 Einlieferung nach frontalem Aufprall mit seinem Auto gegen einen Baum bei Glatteis und Schneesturm. Schwere Zertrümmerung des Gesichtsschädels. Während des etwa 40 km langen Transportes in die Klinik mehrfache Atemstillstände, daher Mund-zu-Mund-Beatmung durch einen DRK-Fahrer. Bei Klinikaufnahme tiefe Bewußtlosigkeit, schwerster Schock mit Atemdepression; beiderseitige Impressionsfrakturen des Stirnbeines und mehrfache frontobasale Knochenbrüche. Fast lichtstarre, unterschiedlich weite Pupillen, Streckkrämpfe. Nach Intubation, künstlicher Beatmung und Schockbekämpfung operative Versorgung der schweren frontobasalen Impressionsfrakturen, Ausräumung doppelseitiger großer epiduraler Hämatome und Naht von zwei Durarissen. Nach der Operation geringe Aufhellung des Komas. Am 3. Tage rapide Verschlechterung durch Hirnödem, Kreislaufkrisen und Atemdepression. Anhaltende Bewußtlosigkeit mit schwerer Entgleisung des Stoffwechsels. Noch nach vier Wochen erschien der Zustand absolut hoffnungslos. Von der 5. Woche ab fortschreitende Aufhellung der Bewußtlosigkeit und nach fünf Monaten Entlassung mit nahezu völliger Wiederherstellung der körperlichen und geistigen Funktionen, so daß der Patient seine berufliche Tätigkeit als Tierarzt wieder aufnehmen konnte.

Intensivtherapie

Fortschritte der Medizin, wie sie die drei eben erwähnten Beispiele nur andeutungsweise zu skizzieren vermochten, sind nicht nur auf die Erfolge einer augenblicklichen Wiederbelebung zurückzuführen, sondern ebenso auf die Ausdehnung der dabei gewonnenen Erfahrungen auf die Dauerbehandlung vital bedrohlicher Zustände. Diese Form der Spezialbehandlung von Schwerverletzten, aber auch Schwerkranken und Schwervergifteten mit lebensbedrohlichen Störungen vitaler Funktionen, bezeichnet man als *Intensivtherapie.* Sie beruht auf den erst in jüngerer Zeit gewonnenen Erkenntnissen, daß bei Patienten an der Grenze ihrer Existenzmöglichkeiten eine gezielte Therapie unter Einsatz des modernen Rüstzeugs der heutigen Medizin mit gewissenhafter fortlaufender Überwachung und Pflege die besten Erfolgschancen bietet. Bei dieser Spezialbehandlung steht die Beseitigung bedrohlicher Störungen der Lebensfunktionen (Atmung, Kreislauf, Wasser-, Elektrolyt- sowie Säure- und Basenhaushalt, Temperaturregulation) absolut im Vordergrund.
Die Anästhesie hat an der Entwicklung der Intensivtherapie zweifellos maßgeblichen Anteil. Indessen ist bei der überaus verantwortungsvollen und schwierigen ärztlichen und pflegerischen Tätigkeit auf Intensivstationen enges Zusammenwirken von Vertretern der verschiedensten Disziplinen notwendig. Die Intensivtherapie stellt ein Musterbeispiel für echtes Teamwork dar. Bei konsequenter Verwirklichung der ihr zugrunde liegenden Konzeption lassen sich Erfolge erzielen, an die man noch vor wenigen Jahren kaum zu denken wagte und die in der Wiederherstellung der Gesundheit und Schaffenskraft ungezählter Menschen in aller Welt ihren Niederschlag gefunden haben.

Ambivalenz des medizinischen Fortschritts

Die großen *Fortschritte* der Medizin bedeuten zweifellos eine *überwiegend positive Entwicklung.* Je länger und intensiver wir jedoch alle Behandlungsmöglichkeiten für die uns anvertrauten Patienten in vollem Umfange auszuschöpfen versuchen, um so mehr müssen wir neben und hinter der Fülle des Lichtes auch dessen Schattenseiten erkennen. So können sich beispielsweise nachteilige Folgen auf die allgemeine Krankenversorgung dadurch einstellen, daß wir unsere ärztlichen, personellen, apparativen und auch ökonomischen Reserven durch die Einbeziehung von klinisch sicher aussichtslosen oder inkurablen Patienten in die Wiederbelebung und Intensivtherapie übermäßig stark in Anspruch nehmen und dadurch unter Umständen sogar die Versorgung von Kranken und Verletzten mit günstiger Prognose gefährden.
Wir müssen uns daher fragen, ob hier eine uralte Erfahrungstatsache der Menschheitsgeschichte und eine Erkenntnis aller mit genügender Kritik betriebenen anthropologischen Betrachtungen erneut ihre Bestätigung finden: *daß jede durch den Menschen herbeigeführte Entwicklung eine Ambivalenz erkennen läßt.* Es gilt also auch für die moderne Medizin, daß der Fortschritt niemals eindeutig positiv, sondern stets ambivalenter Natur ist und zu einer eigentümlichen *Verknüpfung zwischen Progression und Regression* führt (Church Assembly Board for Social Responsibility 1965, *Friedmann* 1968; *Kautzky* 1961; *Kohlhaas* 1967a; *Thielicke* 1968a; *v. Weizsäcker* 1967b). Es drängen sich hier ähnliche Gedanken auf, wie sie bei Einsatz der Atomenergie für friedliche Ziele und ihrer Verwendbarkeit zu destruktiven Zwecken ebenso aufgetaucht sind wie im Rahmen der rapiden Entwicklung der Kfz-Industrie und der dadurch wachsenden Zahl von Opfern des Straßenverkehrs. Wir müssen uns mit *v. Weizsäcker* (1967b) der Zweischneidigkeit der erzielten technischen Möglichkeiten bewußt werden, „. . . denn es treten bei jeder Veränderung der Welt auch Wirkungen ein, die wir nicht gewollt haben, die aber kausal anschließen an das, was wir getan haben, d.h. die die Folge dessen sind, was wir getan haben, und ob die gewollten Wirkungen eintreten, hängt wesentlich davon ab, ob die ungewollten Wirkungen gemeistert werden".
Eine eigene klinische Beobachtung soll die *Ambivalenz des Fragenkomplexes* vor Augen führen:

Beispiel 4: 27jährige Frau
Exenteratio des kleinen Beckens wegen eines beiderseitigen Ovarialsarkoms in einem auswärtigen Krankenhaus. Da der tumoröse Prozeß auch den Mastdarm mit einbezogen hatte, war mit dem gesamten inneren Genitale auch das Rektum entfernt und das Colon descendens als Anus praeternaturalis herausgeleitet worden. Nach anfänglicher Erholung furchtbare neuralgische Schmerzen in Becken, Rücken und Beinen. Einlieferung der Patientin in unsere Klinik im urämischen Koma. Ursache der Anurie war eine mechanische Verlegung beider Ureteren durch Tumormassen. Unter Anwendung aller modernen Möglichkeiten einer großen Klinik wurde nun durch Einsatz der künstlichen Niere die Urämie beseitigt, so daß die Moribunde das Bewußtsein wiedererlangte. Durch Infusionen und Transfusionen ließ sich der Zustand der Patientin weiter bessern. Später wurde einer der gestauten Ureteren operativ freipräpariert und in die Haut eingenäht. Es kam sogar zu ausreichender Harnausscheidung. Mit Rückkehr des Bewußtseins war aber leider auch eine Rückkehr der Schmerzempfindung

und damit der überaus qualvollen präoperativen Ausgangssituation verbunden. Auch hohe Dosen stark wirkender Analgetika vermochten keine erträgliche Linderung herbeizuführen. Das Erlöschen des letzten Lebensfunkens konnte zwar vor allem durch Infusionstherapie und eine überwiegend parenterale Ernährung um sechs Wochen verzögert werden, jedoch kann diese Zeit des Krankenlagers retrospektiv nicht nur als dauerhafte Pein und Qual, sondern vielleicht sogar als Folter beurteilt werden.

Sicher war es bei dieser überaus bedauernswerten Patientin unter Ausschöpfung der Möglichkeiten des medizinischen Fortschritts gelungen, den unmittelbar bevorstehenden Zeitpunkt des Todes zu verschieben und ihr Leben – oder Sterben (?) – um fast acht Wochen zu verlängern. Aber – um welchen Preis? Wurde der Patientin wirklich zu einem noch menschenwürdigen Dasein verholfen? Das Schicksal schien ihr das Endstadium ihres inkurablen Leidens ohne Schmerzen, ohne Bewußtsein und damit ohne Todesangst, in tiefem Schlaf zu gewähren. Die Medizin hat ihr in strenger Verfolgung des „Prinzips der Lebenserhaltung mit allen Mitteln" zwar weitere acht Wochen irdischen Daseins geschenkt, zugleich aber eine künstlich verlängerte Agonie aufgezwungen und damit eine Lebensverlängerung „unter den Bedingungen eines protrahierten Martyriums" (*Mörl* 1965).

Die *Verpflichtung zur Betreuung von Patienten mit absolut lebensbedrohlichen Störungen,* deren Zahl erfahrungsgemäß absolut im Steigen begriffen ist, konfrontiert uns in zunehmendem Maße mit Konfliktsituationen, auf die viele von uns Ärzten ziemlich unvorbereitet treffen, weil uns während unserer Ausbildung diese Problematik kaum aufgezeigt wurde und wir noch bis vor kurzer Zeit gewohnt waren, unsere Tätigkeit ausschließlich unter das überlieferte Leitmotiv der „Lebenserhaltung und -verlängerung um jeden Preis" zu stellen. In Erfüllung dieser Aufgaben und in der Ausschöpfung der neuzeitlichen medizinischen Möglichkeiten gelingt es jedoch heute – in weit größerem Ausmaß als früher –, die Grenzen und den Zeitpunkt des Todes zu verschieben. Durch die Methoden der Wiederbelebung und Intensivtherapie können Organfunktionen künstlich vorübergehend oder auch dauerhaft aufrechterhalten oder ersetzt werden, deren beständiger Ausfall sonst den Tod des Organismus bedeuten würde. Freilich bleibt dabei in vielen Fällen allen Bemühungen der Erfolg versagt, und der Tod beweist nicht selten schon innerhalb kurzer Zeit seine überlegene Macht. Wir brauchen zwar dann nicht Gewissenskonflikten zu verfallen, sollten jedoch die *Unzulänglichkeit unseres Vermögens* eingestehen und uns allerdings auch veranlaßt sehen, die *Gründe unseres Versagens* aufzuspüren und nach *Verbesserung unseres Vorgehens* zu suchen.

Angaben der Literatur und vielfachen eigenen Erlebnissen zufolge sehen wir Ärzte uns vor eine ganz andere Situation dann gestellt, wenn unsere Bemühungen nicht zu dem gewünschten Erfolg zu führen vermochten, sondern lediglich einen grauenvollen Endzustand bewirkten. In solchen Fällen drängt sich retrospektiv gesehen zwangsläufig die Frage nach dem *Sinn unseres Handelns* auf.

Diese Frage stellt sich uns freilich manchmal auch bei prospektiver Betrachtung des möglichen Krankheitsverlaufs und Behandlungsausgangs. Kritisch müssen wir dann feststellen, daß unsere Maßnahmen, wie in dem erwähnten Beispiel 4, nur zu einem protrahierten Sterben, zu einer künstlich verlängerten Agonie führen werden. Es sind Situationen, in denen es für den Arzt der Vätergeneration, ja noch bis vor wenigen Jahren keine Alternative gab, weil damals noch nicht die uns geläufigen technischen Möglichkeiten zur Lebenserhaltung zur Verfügung standen. Welcher Wandel in dieser Richtung vor allem durch die moderne künstliche Beatmung erfolgt ist und welche Probleme im Zusammenhang damit verbunden sind, soll an einem Beispiel aufgezeigt werden.

Beispiel 5: 13jähriger Junge
Im Jahre 1965 Einlieferung des kräftigen Jungen nach einem Schulsportunfall mit Sturz auf den Hals. Luxation zwischen dem 3. und 4. Halswirbel. Zunächst lediglich Paraplegie beider Beine mit Einschluß von Blase und Mastdarm. In den folgenden Stunden Übergreifen der Lähmung auch auf Arme und Zwerchfell. Nach Intubation künstliche apparative Beatmung. Trotz vieler Bedenken operative Freilegung des Halsmarks im Bereich der Luxation. Erwartungsgemäß jedoch keine Besserung. Das Bewußtsein des Jungen war völlig erhalten. Täglich wurde von der geistig sehr hochstehenden Mutter der Wunsch geäußert, den Jungen und auch sie selbst von dem qualvollen Zustand zu erlösen mit dem Hinweis: „Lieber ein Ende mit Schrekken als ein Schrecken ohne Ende." Aus begreiflichen Gründen Fortführung der künstlichen Beatmung über ein Tracheostoma, bis der Junge zehn Monate nach dem Unfall den Folgen einer aszendierenden Zystopyelonephritis erlag.

Zweifellos waren wir hierbei täglich der Versuchung ausgesetzt, dem Jungen den weiteren Leidensweg zu ersparen und dem Wunsch der Mutter zu entsprechen. War dieser Wunsch der Mutter in menschlicher Hinsicht nicht durchaus verständlich? Hatte sie nicht auch ein gewisses Recht, für ihren unmündigen und nichteinwilligungsfähigen Sohn zu sprechen? *Solche entsetzlichen Konfliktsituationen sind heute leider keine Seltenheit mehr,* da eine Überbrückung einer zentralen oder peripheren Atemlähmung durch adäquate künstliche Beatmung kein außergewöhnliches technisches Problem bietet und damit der Eintritt des Todes hinausgeschoben werden kann, falls nicht schwerwiegende Komplikationen hinzutreten.
Mit der *Vielgestaltigkeit der Problematik an der Grenze zwischen Leben und Tod* muß sich auch der klinisch tätige Anästhesist immer mehr befassen, und er kann und darf sich diesen Fragen nicht entziehen. Ich kam mit ihnen bereits während meiner Ausbildung und Tätigkeit in Halle/S. bzw. Dresden in Berührung und habe auch einige Gedanken darüber anläßlich einer Fortbildungstagung für HNO-Fachärzte am 25.11.67 in Mainz vorgetragen (*Fritsche* 1968). Da in der Zwischenzeit die *Zahl der Intensivbehandlungspatienten in allen Ländern ganz erheblich gestiegen* ist, wurde eine Beschäftigung mit den damit verbundenen Grenzproblemen immer dringlicher. Außerdem ist seit dem *Aufkommen der Transplantationen* unpaarer Organe (Herz, Leber, Pankreas), wobei zwangsläufig das „Leben" des Spenders für das Überleben des Empfängers geopfert werden muß, das Interesse der Fachwelt und auch der breiten Öffentlichkeit an Grenzfragen zwischen Leben und Tod noch mehr gestiegen.

Wissen um die eigene Zuständigkeit und Unzuständigkeit

Vorliegende Zusammenstellung wird keineswegs eine Lösung der anstehenden Fragen oder eine endgültige Stellungnahme mit feststehenden Ergebnissen herbeiführen können. Diese Einschränkung ergibt sich zwangsläufig allein schon aus der *Tatsache, daß ein einzelner nur für einen Teil des vielschichtigen Fragenkomplexes kompetent sein kann,* wie auch aus dem *Übergreifen der umfangreichen Materie in viele wissenschaftliche Spezialgebiete.* Diese Fragen auf dem Grenzfeld zwischen Leben und Tod, welche sich uns in früheren Zeiten nicht in solcher Schärfe und Dringlichkeit stellten, heute aber mehr denn je an den Grundfesten unseres ärztlichen Denkens und Handelns rühren, gehen weit über den eigentlichen medizinischen Bereich hinaus. Sie reichen in die Gebiete der Philosophie, Anthropologie, Jurisprudenz, Soziologie und Theologie hinein und verlangen von allen Seiten eine intensive Beschäftigung mit dem Ziel einer Klärung noch offener Probleme.
Es sind damit auch *grundsätzliche Fragen der menschlichen Existenz, der Humanität, der künftigen Entwicklung und Verhaltensweise der Menschen überhaupt* verbunden. So wird schließlich der Bereich der letzten Verantwortlichkeit des Individuums und der Gemeinschaft berührt. In solchen Gewissensfragen gibt es freilich keine Zuständigkeit, aber – ebenso keine Unzuständigkeit.
Die folgende Erörterung des anstehenden Fragenkreises erfolgt mit dem Ziel, zu weiteren Gedanken anzuregen und vielleicht auch zur Klärung in wenigstens bescheidenem Umfange beizusteuern. Der Beitrag ist also lediglich als ein Versuch aufzufassen, die immer häufiger auftretenden Probleme an der Grenze zwischen Leben und Tod einer möglichst zusammenfassenden Darstellung und Wertung zu unterziehen und zumindest einige Wege und vielleicht auch Richtlinien zu deren Lösung aufzuzeigen.
In unserem Zeitalter darf sich niemand der Verpflichtung zur Übernahme von Verantwortung entziehen (Butenandt 1970; *Fletcher* 1968; *Page* 1969; *Picht* 1966; *Radhakrishnan* 1969; *Lord Russel* 1969; *Symmers* 1968; *Toynbee* 1970a; *v. Weizsäcker* 1963 u. 1966; *Wisser* 1967) auch auf die Gefahr hin, daß er einer von Zeitströmungen beeinflußten Fehldeutung ausgesetzt werden könnte. Für uns Ärzte ergibt sich diese *Verpflichtung* schon *aus dem Eid des Hippokrates,* der in jedem Einzelfall verantwortungsbewußtes Verhalten verlangt. Darüberhinaus dürften die vielseitigen Probleme unserer Zeit nur durch persönliches Engagement jedes einzelnen zu lösen sein, auch wenn damit Opfer verbunden sein sollten. Nach *Wisser* (1967) ist in unserem technischen Zeitalter die Tätigkeit der Wissenschaftler in ihren Auswirkungen derart, daß Kompetenzfestlegungen und -abgrenzungen nicht mehr genügen, um das Gewissen mit dem Hinweis auf die „Wissenschaftlichkeit" des Tuns zu beruhigen, sich der Verantwortung für das dadurch möglich Gewordene zu entziehen und die eigene Arbeit ungestört fortsetzen zu können.
Sicher hat auch ein im Laufe der Entwicklung eingetretener *Wandel des Verstehens* dazu beigetragen, daß bestimmte Probleme in einem wechselnden Lichte gesehen werden. So schreibt *Heisenberg* (1969), *daß sich mit der historischen Entwicklung auch die Struktur des menschlichen Denkens ändert.* Seiner Meinung nach vollzieht sich der Fortschritt der Wissenschaft nicht nur dadurch, daß uns neue Tatsachen bekannt und verständlich werden, sondern auch dadurch, „daß wir immer wieder neu lernen, was das Wort „Verstehen" bedeuten kann".

Meine ohnehin begrenzte Legitimation, zu einem derart umfassenden und die Kompetenzen eines einzelnen überschreitenden Themas einen Beitrag vorzulegen, leite ich aus meiner 13jährigen Anästhesietätigkeit in großen Kliniken ab sowie aus dem Interesse, das frühere Ausführungen von mir zu dieser Problematik gefunden haben wie aus dem Zuspruch mehrerer meiner Lehrer und Kollegen. Dabei fühle ich mich von allem Anfang an als ein Suchender, und mit *v. Weizsäcker* (1966) möchte ich ganz offen bekennen: „Das schlechte Gewissen gegenüber dem besser informierten Fachmann ist unvermeidlich, und es drückt mich ständig."

Definition des Todes

Mit der Entwicklung der Intensivtherapie und seit der ersten Herztransplantation ist die *Definition des Todes* zu einem *brennenden Problem* und zum Gegenstand *zahlreicher Diskussionen und Publikationen* geworden. Auch die Laienwelt nimmt an der Erörterung der auf dem Grenzfeld zwischen Leben und Tod auftauchenden Fragen lebhaften Anteil und verlangt zudem von seiten der Experten eine möglichst genaue und eindeutige Aufklärung. In vielen Ländern haben medizinisch-wissenschaftliche Fachgesellschaften *Stellungnahmen zur Definition des Todes und zur Festlegung des Todeszeitpunktes* erarbeitet und veröffentlicht. Es ist sehr viel geistige Arbeit auf die Klärung der Fragen um den Tod verwandt worden, und als eigene Forschungsrichtung hat sich dabei die *Thanatologie* entwickelt.

Der *Tod,* seit ewigen Zeiten *das unabwendbare Schicksal aller Menschen,* hat ihr Vorstellungsvermögen schon immer beschäftigt und nun durch die Fortschritte der modernen Medizin neue und wesentlich veränderte Aspekte erhalten. Seitdem wir über Möglichkeiten verfügen, die dem Tode zugrunde liegenden patho- und thanatogenetischen Vorgänge aufzuklären und auf dieser Grundlage Art und Zeit seines Auftretens zu beeinflussen, können wir viele Patienten, die bereits die früher zur Feststellung des Todes ausreichende Symptomatik geboten hatten, für Jahre oder Jahrzehnte dem Leben zurückgeben. Dabei kommt es keineswegs zu einer Wiedererweckung von Toten, sondern nur zu einer Restitution von vitalen Organfunktionen, die im Begriff waren, auszufallen oder bereits vorübergehend ausgefallen waren und deren Erlöschen, wenn es irreversibel geblieben wäre, den Tod bedeutet hätte. So könnte man aus diesem Gesichtskreis den *Tod* als einen *Zustand* definieren, *aus dem heraus eine dauerhafte Wiederbelebung nicht mehr gelingt.* Eine solche Begriffsbestimmung freilich wäre aber *eine zu einseitige Interpretation* und würde in jedem Falle zur Feststellung des Todes den vorherigen Einsatz von Wiederbelebungsmaßnahmen erfordern.

Da jeder Tod ein Leben voraussetzt und die Begriffe Leben und Tod zwar einander ausschließen, *muß die Definition des Todes von der des Lebens* ausgehen. So schrieb bereits 1821 *J. G. Smith* (zit. bei *Toynbee* 1970b) in seinen "Principles of Forensic Medicine": „Weiß man, was Leben anzeigt, was allgemein vorauszusetzen sein könnte, obwohl vielleicht niemand sagen kann, er wisse wirklich und wahrhaftig, was es konstituiert, so hat man zugleich den Unterschied zum Tod. Dies ist die *Abwesenheit* der Erscheinungen, die uns so besonders vertraut sind – *der Lebenserscheinungen.*"

Aus solchen Überlegungen heraus war es Jahrhunderte hindurch üblich gewesen, den Tod bei Ausfall der Lebenserscheinungen zu diagnostizieren, wozu vor allem Atmung und Herzaktion gerechnet wurden. Diese Tatsachen waren im Bewußtsein aller Menschen verankert und bildeten auch die Grundlage für die Rechtssprechung.

Die Unhaltbarkeit der Auffassung, daß *Stillstand von Atmung und Kreislauf gleichbedeutend* sei *mit dem Auftreten des Todes,* ergibt sich bereits aus folgenden Behandlungsmöglichkeiten der modernen Medizin, an denen die Anästhesie wesentlichen Anteil hat:

1. Ausschaltung der Spontanatmung durch Muskelrelaxation während einer Allgemeinanästhesie und Ersatz durch künstliche Beatmung.
2. Überbrückung einer peripheren (z.B. Poliomyelitis) oder zentralen Atemlähmung (z.B. Hirnkontusion, -ödem, -tumor) durch Dauerbeatmung.
3. Bewußte Stillegung der Herz-Kreislauf- und Atemtätigkeit und Ersatz dieser vitalen Funktionen durch extrakorporalen Kreislauf (Herz-Lungen-Maschine).
4. Ausgleich einer unzureichenden Nierenfunktion durch Dialyseverfahren.
5. Ersatz des ganz oder teilweise ausgefallenen Herzautomatismus durch künstliche Reizung mit einem Pacemaker.
6. Tiefe künstliche Hypothermie unter eine Körpertemperatur von 20°C, wobei Herz-, Atem- und Nervenfunktion völlig aufgehoben sind, auch EKG und EEG keinerlei elektrische Aktivität zeigen und der Körper wie eine Leiche erscheint (*Lemaire* 1963; *Marshall* 1967).

Diese der heutigen Medizin geläufigen, von ihr selbst oft bewirkten Zustände zeigen die *Notwendigkeit* auf, *für die Definition des Todes von der des „Lebens" auszugehen.* Aber auch die exakte und allen Gesichtspunkten Rechnung tragende Definition des Begriffes „Leben" ist, wie bereits *Bichat* 1803 (zit. bei *Bessis* 1970) erkannt hatte, mit nicht unerheblichen Schwierigkeiten verbunden.
Die *systematische Erforschung des Lebens,* deren Anfänge bis zu den Indern und Griechen vor 2 500 Jahren zurückreichen, hat zwar dank der Erkenntnisse vieler Wissenszweige, vor allem der Genetik und der Biochemie, *gewaltige Fortschritte* gezeigt, ist *aber noch bei weitem nicht abgeschlossen.* Es soll daher im Hinblick auf die weiteren Ausführungen nur der Versuch unternommen werden, eine Charakteristik des menschlichen Lebens zu geben, wie sie der Arzt für sein Verhalten an der Grenze zwischen Leben und Tod benötigt.
Den weitgespannten Rahmen der uneinheitlichen Auffassung des menschlichen Lebens finden wir von *I. H. Page* (1969) treffend wiedergegeben: “There is no universal agreement on man’s idea of his own nature, his purpose, or his destiny. To some, man is only a lump of molecules with no more purpose than to live, procreate, and die; to others he lives in eternity, responsible to God and self”. („Es gibt keine allgemeingültige Ansicht über das Selbstverständnis des Menschen, was sein Wesen, sein Sinn oder seine Bestimmung ist. Für einige ist der Mensch nur ein Klumpen von Molekülen mit keinem anderen Sinn als zu leben, sich fortzupflanzen und zu sterben; für andere lebt er in Ewigkeit, Gott und sich selbst verantwortlich.")
Es steht fest, daß menschliches Leben nicht in lebenden Zellen oder Organen gesehen werden kann, und wir seine Kriterien nicht nur in Elektrokardio- und Elektroenzephalogrammen suchen dürfen.
“We cannot define life on biological terms only, for even the unit of biological life, the cell, consists of non-living molecules and subcellular particles in a structural relationship embodying a ‘vital principle’ which we call life. In the individual this ‘vital principle’ can dispense with millions of cells (haemorrhage) or whole organs (gastrectomy)” („Man kann das Leben nicht nur auf biologische Vorgänge beschränken, denn sogar die Einheit des biologischen Lebens, die Zelle, besteht aus nicht-lebenden Molekülen und subzellulären Partikeln in einem strukturellen Verhältnis, wodurch ein ‚vitales Prinzip‘ verkörpert wird, das wir Leben nennen. Im Individuum kann dieses ‚vitale Prinzip‘ Millionen von Zellen [Blutung] oder ganze Organe [Magenexstirpation] entbehren.") (*Wassermann* 1967). Nach dem gleichen Autor müssen wir im menschlichen Leben eine biologische, soziologische und psy-

chologische Aktivität erblicken, die sich in einem dynamischen, sich selbst erhaltenden Prozeß manifestiert. Sie kann sich nur in einem Individuum darbieten und nicht in irgendeinem Bestandteil: "... life is not merely cells and organs, but ... the non-living molecules combine structurally through a 'vital principle' which, though not definable, is not therefore non-existent" („... Leben besteht nicht nur aus Zellen und Organen, sondern ... die nicht-lebenden Moleküle vereinigen sich strukturell durch ein ‚vitales Prinzip', das, obwohl nicht definierbar, aber daher nicht etwa nicht-existent ist.").

Die *unverwechselbare Einmaligkeit eines jeden Menschen* läßt sich aber mit chemischen oder physikalischen Begriffen weder erklären noch erfassen (*Reinicke* 1967). Seit Jahrtausenden ist immer wieder als das maßgebliche Kriterium zur Unterscheidung zwischen animalischem und humanem Leben die Tatsache herausgestellt worden, daß *menschliche Existenz durch Selbstbewußtsein bestimmt* wird und „die damit verbundene Fähigkeit des Menschen, sich selbst zu ergreifen und auf das hin zu entwerfen, was ihm als seine Bestimmung gilt" (*Thielicke* 1968a, 1970).

In seiner Stellungnahme zu Fragen der künstlichen Lebensverlängerung hat *Papst Pius XII.* von der *Ganzheit eines durch Selbstbewußtsein, Willensfreiheit und Selbstverfügung charakterisierten Organismus* gesprochen (zit. bei *Haid* 1958), ähnlich vom philosophisch-anthropologischen Gesichtspunkt auch *Toynbee* (1969), der allerdings noch die Erkenntnisfähigkeit des Unterschiedes zwischen Gut und Böse hinzufügt. *Thielicke* (1968a) hat bei der Herausstellung des Selbstbewußtseins als des Hauptmerkmals menschlicher Existenz mit Recht noch die Frage des quantitativen Charakters des Selbstbewußtseins aufgeworfen und dargelegt, daß nur der völlige Ausfall des Selbstbewußtseins die untere Grenze zum biologischen Präparat darstellen könne. Selbstbewußtsein äußert sich in der Fähigkeit zum menschlichen Kontakt, in der Möglichkeit, mit anderen Menschen in Beziehung zu treten (*Bergstrom* 1968; *Gogarten*, persönl. Mitteilung, 1967). So führt auch *Beecher* (1968) an, "that life is the ability to communicate with others", und aus der gleichen Bezogenheit ergibt sich nach demselben Autor noch der Begriff des „Lebens des Individuums als ein Mitglied der Gemeinschaft".

Die *allgemeinen Grundfunktionen des Lebens:* Stoffwechsel, Wachstum, Selbstproduktion, Reizbarkeit, Reizleitung und Beweglichkeit kennzeichnen biologisch auch das menschliche Leben, das vom tierischen aber erst durch die *Person-Idee* unterschieden ist. Sie kommt zum Ausdruck in der Zuwendung auf ein Du, der Unvertretbarkeit, der Selbstreflexion, der Selbstverwirklichung und der Freiheit (*Gerlach* 1970a). Der *Mensch* kann nur als *eine leibgeistige Einheit* aufgefaßt werden (*Kautzky* 1968a, b), „nicht von unten, vom Teil her, sondern von seiner Ganzheit als personale Leib-Geist(-Seele)-Einheit" (*Böckle* 1970).

Nur diese *Gesamtsicht der menschlichen Person,* worin nach Meinung der Christen und von Vertretern aus verschiedensten Denkrichtungen und Traditionen die Überzeugung vom absoluten Anspruch der Würde und des Wertes jedes einzelnen Menschen einbegriffen ist, kann den Rahmen für die medizinischen Forschungs- und Behandlungsmethoden abgeben, was auch in der „Deklaration von Helsinki" des Weltärztebundes (1964) zum Ausdruck gekommen ist.

Wenn es also sehr *zweifelhaft* ist, *ob man das menschliche Leben exakt naturwissenschaftlich definieren kann,* so ist es offenbar geworden, „daß das, was in dieser Hinsicht den Menschen ausmacht, was ihn zu geistigen Leistungen befähigt, was seine Identität als Individuum garantiert, was bewirkt, daß er er selbst und kein anderer ist oder wird, daß all das an das Gehirn gebunden ist" (*Kautzky* 1968c).

Eine sehr ähnliche Definition gibt *Böckle* (1970) vom Standpunkt der Moraltheologie.
Im Hinblick auf die soziologischen und die juristischen Konsequenzen, die sich aus dem Verhalten des Arztes ergeben können, muß auch der ***Standpunkt des Juristen zur Definition des menschlichen Lebens*** berücksichtigt werden, denn die Rechtsordnung regelt das Zusammenleben in der menschlichen Gemeinschaft und bestimmt das Verhältnis zwischen Arzt und Patient.
Die Fortschritte der Medizin, insbesondere die notwendig gewordene Grenzbestimmung von Leben und Tod, können den Juristen nicht gleichgültig lassen. Umgekehrt steht der Mediziner auch nicht außerhalb der Gesetze. Beide, Jurist und Mediziner, fußen seit Jahrtausenden, seit den indischen Veden und *Hippokrates* auf von Menschen getroffenen Wertentscheidungen. Körperverletzungs- und Tötungsdelikte setzen zur Erfüllung des Tatbestandes einen lebenden Menschen voraus. „Das Strafrecht betrachtet das menschliche Leben als eine biologisch-soziologisch untrennbar gebundene Erscheinung; es sieht in ihm einen Vorgang, dessen einzelne Phasen vom Beginn der Menschwerdung bis zum Ende des Lebensprozesses gleichwertig sind" (*Maurach* 1964). Es muß hier ausdrücklich der im Strafrecht vertretene Grundsatz des absoluten Lebensschutzes hervorgehoben werden: „Das Leben ist schutzwürdig ohne Rücksicht auf das Lebensgefühl, das Lebensinteresse des einzelnen; es wird ebenso absolut geschützt ohne Rücksicht auf die Wertschätzung, welche die Gesamtheit dem Leben des einzelnen als sozialer Funktion entgegenbringt. Der Schutz des menschlichen Lebens setzt mit dem Beginn der Menschwerdung ein und endet mit dem Abschluß des Lebensprozesses" (*Maurach* 1964).
Ausdrücklich soll betont werden, daß auch bei Geisteskranken und Geistesschwachen das Bewußtsein allenfalls gestört, nicht aber aufgehoben ist. Nach *Hinderling* (1968) ist die Persönlichkeit auch schwer Geisteskranker irgendwie erhalten, was auch mit der auf großen Erfahrungen beruhenden Auffassung *Friedrich von Bodelschwingh*s übereinstimmt. Die Rechtsordnung legt die sittliche Würde und die Freiheit des Menschen zugrunde und schützt ihn also im Hinblick auf Werte, die mit dem Bewußtsein unteilbar zusammenhängen. Der Sitz des Bewußtseins, der seelischen und geistigen Funktionen des Menschen, kann aber nur das Gehirn sein und nicht das Herz. *Hinderling* (1971) äußerte die Überzeugung, daß die Mensch-Qualität an das Bewußtsein gebunden ist.
Im deutschen wie im österreichischen Strafrecht findet man für *das voll entwickelte Leben den Begriff „Mensch"* (StGB § 211; Österr. StGB § 134) und als Unterbegriff für das Wesen bei der Geburt den Begriff „Kind" (StGB § 217; Österr. StGB § 139). Diese Formulierungen sind auch in den beiderseitigen gegenwärtigen Strafgesetzentwürfen enthalten, nur ist die Formel von der Tötung eines „Menschen" ersetzt durch die Formel von der Tötung „eines anderen" (E 1961 §§ 134; 135, 137; Österr. Entwurf 1964 §§ 39, 94, 95) (*Schwalm* 1967).
Geht man von dem medizinischen und juristischen Aspekt des menschlichen Lebens über zu einem *philosophisch-anthropologischen Standpunkt,* so würden die verschiedenen weltanschaulichen Gesichtspunkte Berücksichtigung finden müssen, was hier jedoch nicht geschehen kann. Das Leib-Seele-Problem würde dabei auf jeden Fall von grundsätzlicher Bedeutung sein, und es würde sich dann abermals herausstellen – welchen Standpunkt der Befragte auch immer haben mag –, daß dem *Gehirn* in dieser Problematik *eine zentrale Rolle* zukommt. Die Leibhaftigkeit des Menschseins umschließt und setzt voraus die Funktion des Gehirns, das ermöglicht, als Mensch zu leben, zu fühlen und zu denken (*Glees* 1968; *Kautzky* 1961). Auch hat das Gehirn

des Menschen ihn in die Lage versetzt, sich die Erde untertan zu machen und das Supremat unter allen Lebewesen zu übernehmen, woraus der finnische Neurochirurg *Bjorkesten* die Folgerung zieht, die *Kriterien von Leben und Tod vom Gehirn abzuleiten (Bjorkesten u. Troupp* 1968).
Dieser Standpunkt wird durch die in den letzten Jahren durchgeführten *homologen Organtransplantationen* noch mehr untermauert. So sind die mit einem fremden Herzen lebenden Individuen nicht als tot zu bezeichnen, obwohl ihr ursprünglich eigenes Herz aufgehört hat zu schlagen. Auch ist mit der homologen Herzverpflanzung nicht etwa die Individualität des Spenders auf den Empfänger übergegangen. Organe können ihren Träger überleben, doch sind sie nicht der Mensch selbst. Nur im Gehirn ist also das Organ mit der Trägerfunktion individual bestimmender Werte zu erblicken. „Mit Sicherheit ist der menschliche Geist, der die Einzigartigkeit der menschlichen Individualität bedingt, das Produkt des Gehirns und nicht des Herzens" (*Spann u. Liebhardt* 1966).
Auch *Masshoff* (1968) stellt für das menschliche Leben das Gehirn in den Mittelpunkt: „Das gewissermaßen das Ganze überkrönende Gehirn gewährleistet die geistigen Funktionen und verkörpert das mehr eigentlich Menschliche."
Die *zentrale Stellung der Gehirnfunktionen* bei der Abfassung von Definitionen des menschlichen Lebens gewinnt im Lichte der heute möglichen therapeutischen Maßnahmen an der Grenze zwischen Leben und Tod im Rahmen der Wiederbelebung besondere Bedeutung. Diese Problematik ergibt sich vor allem aus der in den letzten Jahrzehnten von vielen Seiten festgestellten Tatsache, daß die Wiederbelebbarkeit des menschlichen Organismus nicht in allen seinen Teilen gleichmäßig gegeben ist; es bestehen vielmehr erhebliche Unterschiede.
Die Aufrechterhaltung der Struktur und Funktionsfähigkeit aller Zellen, Gewebe und Organe im Menschen ist nur durch *aeroben Stoffwechsel* gesichert, der eine ausreichende Zufuhr von Sauerstoff (Atmung) und seine Verteilung (Blutkreislauf) voraussetzt. Störungen dieser Mechanismen – Asphyxie bzw. Ischämie – führen zu einer *anaeroben Belastung,* woraus sich eine mangelhafte Energieversorgung für das betroffene Organ bzw. den ganzen Organismus ergibt. Bei einer insuffizienten oder ausgefallenen Atmung sind Sauerstoffzufuhr bzw. Kohlensäureelimination ungenügend oder unterbrochen, während die Spül-, Nähr- und Pufferfunktionen des Blutes bei zunächst noch erhaltenem Kreislauf fortbestehen.
Bei einer kompletten *Ischämie* fallen sämtliche Funktionen des Blutes aus. Sie wirkt sich also verhängnisvoller aus als eine Asphyxie (*Hirsch* u. Mitarb. 1957; *M. Schneider* 1965; *Isselhard* 1965). Ein Ausfall der Blutzirkulation bedingt nach *Opitz u. Schneider* (1950) eine laufende Senkung des Stoffumsatzes.
Da der Sauerstoff- und Energiebedarf in den einzelnen Organen verschieden groß sind, kommt es nach einer unterschiedlich langen Zeitdauer in den einzelnen Zellen und Organen zu einer reversiblen und schließlich irreversiblen Funktionsstörung. Der Zeitdauer der Ischämie fällt dabei eine eminente Bedeutung zu. Die Zeit vom Beginn der Ischämie bis zur kompletten Einstellung der Funktion bezeichnet man nach *M. Schneider* (1965) als „Überlebenszeit" oder als „maximale Funktionszeit" und nach *Betz* (1969) als „Lähmungszeit".
Hierbei ist zu bedenken, daß *auch innerhalb eines Organs Empfindlichkeitsunterschiede* gegenüber der Ischämiedauer bestehen, z.B. im Gehirn, dessen graue Substanz am vulnerabelsten ist (*Walther* 1965).
Kommt innerhalb einer bestimmten Zeit die Durchblutung wieder zustande, so hält zwar die Lähmung zunächst noch an, verschwindet jedoch immer mehr. Dabei be-

zeichnet man die Zeit vom Ende der Ischämie bis zum ersten Wiederauftreten der Funktion als „Erholungslatenz" und die bis zur völligen Wiederaufnahme der Funktion als „Erholungszeit" (*Betz* 1969; *Isselhard* 1965).
Schließlich versteht man unter „*Wiederbelebungszeit*" nach *M. Schneider* (1965) die maximale Dauer einer Anoxie bzw. Ischämie, die noch eine vollkommene Wiederherstellung aller Funktionen zuläßt, so daß keine permanenten Schäden zurückbleiben. Nach Ablauf der Wiederbelebungszeit ist nur noch eine Restitution mit bleibenden Restschäden möglich oder eine Wiederherstellung von Körperfunktionen ganz ausgeschlossen.
Die *Sonderstellung des Gehirns* zeigt sich auch in einer kurzen maximalen Funktionszeit. Nach *Opitz u. Schneider* (1950) tritt bei völliger Gehirnischämie nach 7-8 sec Bewußtlosigkeit auf, und nach 20-30 sec ist im Elektrokortikogramm eine spontane Aktivität der Großhirnrinde nicht mehr nachzuweisen. Bei alleiniger Asphyxie kommt es zur Bewußtlosigkeit erst nach 15 sec, weil hierbei noch die Sauerstoffreserve der Lungen und des zirkulierenden Blutes ausgenutzt wird. Entwicklungsgeschichtlich ältere Abschnitte des Gehirns, wie z.B. das Stammhirn und die Medulla oblongata mit den vegetativen Zentren für Atmung und Kreislauf (*Hirsch* 1971), besitzen eine etwas längere Überlebenszeit. Darauf ist auch der zuweilen unterschiedliche Ausgang von klinischen Wiederbelebungsfällen hinsichtlich der Groß- und Stammhirnfunktion zurückzuführen. Die Wiederbelebungszeit des Rückenmarks ist sogar noch länger, was bei der Beurteilung von nach Wiederbelebungen zurückkehrenden spinalen Reflexen zu beachten ist.
Unterschiedliche Überlebenszeiten zeigen sich desgleichen *im Herzen selbst.* Nach einer 4 min anhaltenden Asphyxie des Organismus wird das Herz so insuffizient, daß der Kreislauf zusammenbricht (*Hirsch* 1957; *Hirsch* u. Mitarb. 1957; *Isselhard* 1965), weil es zu einer myogenen Dilatation kommt (*Walther* 1965). Dabei bleiben die Arbeitsmuskulatur und das Reizbildungs- und Reizleitungssystem noch erregbar. Im EKG kann man daher noch lange nach Sistieren der mechanischen Herzfunktion eine rhythmische elektrische Aktivität nachweisen. Die Überlebenszeit der elektrischen Funktion ist also erheblich länger als die der mechanischen Funktion der Arbeitsmuskulatur (*Isselhard* 1965; *Walther* 1965). Dies kann auch durch unsere klinischen Erfahrungen bei Wiederbelebungsmaßnahmen bestätigt werden, wobei zwar in manchen Fällen eine rhythmische Aktivität im EKG zurückkehrte, eine genügende hämodynamische Herzleistung jedoch nicht wieder erzielt werden konnte.
Die *Dauer der Wiederbelebungszeit eines Organs* ist wesentlich abhängig von dem Vorrat an Energiereserven wie Glykogen, Phosphorkreatinin und Adenosintriphosphorsäure sowie der Schnelligkeit des Verbrauchs dieser Energiestoffe. Dieser Verbrauch wird um so größer sein, je mehr Tätigkeit das betreffende Organ während der Überlebens- und Wiederbelebungszeit verrichten muß.
Die *Dauer der maximalen Funktionszeit* hängt auch davon ab, ob jeglicher Zustrom an Blut- und Gewebeflüssigkeit unterbunden ist oder ob eine geringe Restströmung erhalten bleibt. Nach *Hirsch* u. Mitarb. (1955) genügt für das Gehirn eine Restströmung von 10%, um den für die Erhaltung der Hirnstruktur erforderlichen Umsatz von 20% des Tätigkeitsumsatzes zu gewährleisten. Diese Tatsache liefert die Grundlage für die allgemein bekannte Erfahrung, daß bei Herzstillstand durch eine sofortige Herzmassage noch vor Auftreten eines erhöhten Hirndrucks ein ausreichender Hirnkreislauf aufrechterhalten werden kann.
Die *Wiederbelebungszeit* kann durch eine Senkung des Stoffwechsels verlängert werden. Ein hierfür auch klinisch anwendbares Verfahren ist die künstliche Hypothermie, da

entsprechend der RGT-Regel die Stoffwechselvorgänge in der Zelle bei einer Senkung der Temperatur um 10°C um das 2-3fache langsamer ablaufen (*Walther* 1965). *Hirsch* u. Mitarb. (1957) geben für das Gehirn eine Verlängerung der Wiederbelebungszeit von 8-10 min bei 37°C auf 35-40 min bei 23°C an. *Negovsky* (1961) berichtete von vollständiger und anhaltender Wiederherstellung der vitalen Körperfunktionen im Tierexperiment nach 2stündigem klinischen Tod bei tiefer Hypothermie von 12-10°C.

Aus mehreren Ländern wurden *erfolgreiche Wiederbelebungen bei Unterkühlten* bekannt, obwohl die für die normale Körpertemperatur gültige Wiederbelebungszeit für den Gesamtorganismus bei allgemeiner Asphyxie von 3½ bis 5 min (*Isselhard* 1965) erheblich überschritten war.

So kam es nach *Kvittingen u. Naess* (1963) bei einem 5jährigen Jungen, der sich für mindestens 23 min in einem teilweise zugefrorenen norwegischen Fluß bei −10°C befunden hatte, zu einer erfolgreichen Wiederbelebung. Auch in Hamburg (*Kügler-Podelleck* u. Mitarb. 1965) wurden bei einem 5jährigen, im Eiswasser ertrunkenen Jungen die Wiederbelebungsmaßnahmen von Erfolg gekrönt, obgleich bis zur Klinikaufnahme 21 min verflossen waren und der Junge unter äußerer Herzmassage und künstlicher Beatmung weitere 50 min lang ohne Lebenszeichen geblieben war. Bei dem genannten Jungen mußte die extrathorakale Herzmassage über vier Stunden durchgeführt werden und erst, als das Herz regelmäßig und mit gutem Druckerfolg einem Schrittmacher folgte, wurde sie abgebrochen.

Es kann also festgestellt werden, daß die Wiederbelebungszeit den begrenzenden Zeitraum darstellt, innerhalb dessen die Sauerstoffzufuhr irreversible Strukturveränderungen an der Zelle oder an dem Organ verhindern und die Wiederherstellung der Funktion ermöglichen kann. Eine dauerhafte Wiederbelebung ist zwar zuweilen noch kurz nach Ablauf der Wiederbelebungszeit möglich, jedoch nur mit Defekten. Aus der klinischen Erfahrung kann außerdem berichtet werden, daß in manchen Fällen die Körperfunktionen kurzfristig – etwa für wenige Minuten – wiederhergestellt werden konnten, jedoch dann endgültig zum Erliegen kamen, so daß man lediglich von einer zeitlich befristeten Wiederbelebung sprechen könnte.

Aus den unterschiedlichen Wiederbelebungszeiten der einzelnen Organe und des Gesamtorganismus ergibt sich, daß Restschäden zurückbleiben können, deren Umfang und Ausmaß vor allem von der Ausgangssituation (Energiereserven?), vom zeitlichen Beginn der Wiederbelebungsmaßnahmen und der Körpertemperatur abhängen. Da das Gehirn auf einen Sauerstoff- und Energiemangel infolge Asphyxie oder Ischämie von allen Organen am empfindlichsten reagiert, sind an ihm bleibende Defekte in erster Linie zu erwarten, wie auch die klinischen Beobachtungen und Erfahrungen immer wieder bestätigen.

So sind mir noch aus früheren Jahren zwei Patientinnen in Erinnerung (genaue Daten stehen mir leider nicht mehr zur Verfügung), bei denen es während der Operation infolge versehentlicher und nicht erkannter Intubation des Ösophagus zu einem anoxischen Herzstillstand gekommen war. Die erst dann zugezogenen Anästhesisten vermochten zwar durch entsprechende Wiederbelebungsmaßnahmen ein Wiederingangkommen von Kreislauf und Atmung zu erreichen, doch waren bereits bei beiden Frauen irreversible anoxische Hirnschäden eingetreten, die zu einem apallischen Syndrom mit völligem Bewußtseins- und Persönlichkeitsverlust führten. Diese Patientinnen verstarben nach Monaten an interkurrenten Infektionen.

Aus vielen Ländern sind jedoch auch Fälle berichtet worden, bei denen neben dem Bewußtsein auch noch die Spontanatmung infolge zusätzlicher irreversibler Schädi-

gung des Atemzentrums ausgefallen war, so daß eine Dauerbeatmung erforderlich wurde, während die Herz-Kreislauf-Funktion für einen unterschiedlich großen Zeitraum erhalten blieb.
Für diese Zustandsbilder wurde bereits 1800 von *Bichat* der Begriff *„Hirntod“* geprägt und definiert.
Die *eminente Bedeutung dieses Hirntodes* ergibt sich sowohl aus den angeführten Definitionen des Begriffes „Leben“, aber auch aus der Tatsache, daß das Gehirn mit der kürzesten Wiederbelebungszeit aller Organe die Wiederbelebungszeit des Gesamtorganismus bestimmt.
Die zentrale Stellung des Gehirns bei der Erörterung von Grenzfällen zwischen Leben und Tod (Todesfeststellung, Todeszeitbestimmung) hat dazu geführt, daß das Herz seine Schlüsselposition als Zentralorgan des menschlichen Organismus aufgeben und an das Gehirn abtreten mußte.
Leben und Tod bedingen einander, und man kann nur vom Tod sprechen, wenn man die Erscheinungen des Lebens zugrunde legt. So ist der Tod summarisch definiert durch das irreversible Erlöschen der Lebenserscheinungen in dem betreffenden Individuum. Aufgrund der Erkenntnisse und Erfahrungen der letzten Jahre ist jedoch eine Präzisierung nötig geworden, wonach der Tod des Menschen durch den unabänderlichen Ausfall aller Hirnfunktionen charakterisiert wird, so daß er mit dem Hirntod identisch ist und in dieser Form auch jedem irreversiblen Ausfall der Atem- und Herz-Kreislauf-Funktionen folgt.
Die allgemeine Anerkennung dieser Erkenntnisse und Feststellungen hat viel Zeit, Mühe und Aufwand erfordert, aber auch einen *Prozeß des Umdenkens* eingeleitet, der noch lange nicht abgeschlossen ist. Die damit zusammenhängenden Fragen sind zum Gegenstand einer großen Zahl von wissenschaftlichen Abhandlungen und Diskussionen auf Kongressen in nahezu allen Ländern der Erde geworden. Dabei konnte Einigkeit darüber erzielt werden, daß – erst recht in Ausnahme- und Grenzfällen – der Tod des Gehirns mit dem Tod des Gesamtorganismus gleichbedeutend ist. Nur noch einzelne Autoren weichen von dieser allgemein gültigen Auffassung ab, wie z.B. *Gerlach* (1968 a, b) und *Pompey* (1969). *Gerlach* betrachtet den Tod des Gehirns als einen Partialtod und möchte den Tod des Menschen rein naturwissenschaftlich definieren sowie erst anerkannt wissen, wenn auch die letzte Körperzelle abgestorben ist.
Noch bis in die letzten Jahrzehnte hinein galt der *Tod* mehr oder weniger als *unaufschiebbares Ereignis.* Die heutigen Möglichkeiten der Medizin und insbesondere der Wiederbelebung haben jedoch in Einzelfällen zu einer Verschiebung und Auflockerung der Grenze zwischen Leben und Tod und damit auch der Unaufschiebbarkeit des Todeseintritts geführt. Im Rahmen dieser Entwicklung sind auch die seit eh und je gültigen Kriterien des Todes unsicher geworden.
Diskussionen über die Ungewißheit der Todesmerkmale hat es praktisch zu allen Zeiten gegeben. So finden sich beispielsweise noch im vorigen Jahrhundert in den “Principles of Forensic Medicine” von *J. G. Smith* (1821) und anderen älteren gerichtsmedizinischen Abhandlungen Definitionen des Todes, die uns heute als recht vage anmuten. Auch wurden damals zahlreiche Beispiele von Fehldiagnosen bei der Todesfeststellung bekannt, so daß der Begriff des Scheintodes aufkam (*Denecke* 1969; *Simpson* 1967).
Solche *Unsicherheiten* fanden sogar in den darstellenden Künsten ihren Niederschlag. *Wiertz,* ein Brüsseler Maler, porträtierte die makabre Situation, wie eine aus einem Sarg herausgreifende Leichenhand dessen Deckel anhebt, der die Inschrift trägt: «Mort certifiée par nos docteurs’».

Die im 18. und 19. Jahrhundert offenbar weit verbreitete Furcht, als Scheintoter begraben zu werden, gab Anlaß zur eingehenden medizinischen Erforschung des Todes. Außerdem wurden in den zivilisierten Ländern Leichenschau- und Bestattungsbestimmungen erlassen, um eine vorzeitige Todeserklärung und Beerdigung zu verhindern. Im Zusammenhang damit sind *sichere und unsichere Zeichen des Todes* zusammengestellt worden. Noch bis vor wenigen Jahren hielt man den Tod des Menschen für gegeben, wenn es zum Ausfall der Atmung und des Kreislaufes gekommen war. Man sprach vom „letzten Atemzug" und „letzten Herzschlag". Es wurde als Frevel betrachtet, in den Sterbeprozeß einzugreifen oder gar den Tod hinauszuschieben. Schon Zeus hatte nach Darstellung von *Aischylos* den Heilgott Asklepios für die Wiedererweckung eines Toten zum Leben bestraft: „Ja, selbst den Kundigsten, der Tote zum Leben geführt, den schlug Zeus, und es geschah uns zum Heile" (Agamemnon, übersetzt von *E. Wolde*).

Mit der *Feststellung des letzten Atemzuges bzw. des letzten Herzschlags* war auch – von Medizinern und Juristen in gleicher Weise anerkannt – der *Zeitpunkt des Todes* fixiert. Dabei war man sich wohl der Tatsache bewußt, daß mit dem endgültigen Erliegen von Atmung und Kreislauf auch die Funktionen des Gehirns in Kürze vollständig erlöschen müssen. Andere Organfunktionen (z.B. Wachstum von Nägeln und Haaren, Spermiogenese) laufen, wenn auch in abgeschwächter Form, noch über Stunden, ja sogar Tage weiter, ehe sie definitiv zum Stillstand kommen.

Der Tod ist also *kein zeitlich punktuales Ereignis,* das von einer Sekunde zur anderen eintritt (*Hansen* 1969). Nur wenn es durch äußere Gewalteinflüsse zu einer plötzlichen totalen Vernichtung des menschlichen Körpers kommt, wie bei Atombombenexplosionen oder Flugzeugabstürzen, dürfte der Tod in Sekundenschnelle eintreten.

Intensive Beobachtungen und Untersuchungen im Bereich des Todes haben eindeutig unter Beweis gestellt, daß der *Übergang vom Leben zum Tod kein Augenblicksgeschehen* darstellt. Damit ist auch die Volksmeinung als irrtümlich anzusehen, daß es nur zwei mögliche und streng voneinander getrennte Bedingungen gebe – Leben oder Tod –, und daß zwischen beiden auch in zeitlicher Hinsicht eine ganz scharfe Grenzlinie bestünde.

Grenzlinien zwischen Leben und Tod sind schon von jeher unscharf gewesen, und sie haben durch die modernen Möglichkeiten der Medizin in Einzelfällen ihre Konturen noch mehr eingebüßt und sich zu einem breiten Feld ausgedehnt.

Bei ärztlichen Entscheidungen auf diesem Grenzfeld (Todeskriterien, Todesfeststellung, Todeszeitbestimmung, Einstellung der Therapie) hat sich unser *Hauptaugenmerk* auf die *Feststellung des Hirntodes* zu richten. Die Erfüllung dieser Forderung erscheint um so dringender, als wir Zustandsbilder kennen, bei denen das Gehirn funktionell und auch anatomisch als tot bezeichnet werden muß, jedoch durch entsprechende therapeutische Maßnahmen andere vitale Funktionen aufrechterhalten oder ersetzt und damit die Sterbevorgänge verzögert werden können. Bei der Obduktion solcher Patienten finden sich dann gewöhnlich nicht nur feinstrukturelle, sondern auch grobanatomische Veränderungen bis zur totalen ischämischen Nekrose des Gehirns.

Über diese Tatsache berichtete *Kramer* aus Leiden 1963 wohl als erster. Er gebrauchte zur Kennzeichnung dieses Zustandes die Bezeichnungen:

dissoziierter Tod,
Status deanimatus,
Coma prolongatum,
Agonia retardata,
intravitaler Tod des Gehirns,

so daß er 1968 die Einführung des Begriffes „gesetzlicher oder absoluter Tod" für nötig hielt.
Mollaret (1959), der sich sehr eingehend mit den klinischen Bildern zwischen Leben und Tod befaßt hat, prägte zusammen mit *Goulon* den Ausdruck «Coma dépassé», kam aber schließlich zu der Überzeugung, «qu'il est impossible de donner une définition qualitative de la mort . . .» (zit. bei *Lemaire* 1963).
Auch aus den folgenden Begriffen geht hervor, daß der Tod des Gehirns und des Gesamtorganismus aus verschiedenen Aspekten betrachtet werden kann und man bis jetzt zu keiner einheitlichen Begriffsbildung gelangt ist:

globaler Tod	*Adams u. Jéquier* 1969
physiologischer Tod	*Beecher* 1968; *Pickering* (zit. bei *Wolstenholme u. O'Connor* 1966)
zytologischer Tod	*Beecher* 1968; *Wassermann* 1967
metabolischer Tod sozialer Tod ziviler Tod vegetativer Tod	*Biörck* 1967
Vita reducta decerebrata Partialtod Individualtod totaler Tod Organtod	*Gerlach* 1968a
lebender Leichnam	*Jores* 1967
künstlich verlängerte Agonie	*Mörl* 1967
intellektueller Tod seelischer Tod sozialer Tod theologischer Tod	*Pickering* (zit. bei *Wolstenholme u. O'Connor* 1966); *Wassermann* 1967
umkehrbarer Tod	*Püllmann* 1967

Von seiten der Mediziner ist wiederholt der *Wunsch nach einer juristischen Definition des Todes* vorgetragen worden, doch konnte man sich bisher dazu noch in keinem Lande entschließen (*Bockelmann* 1968a). Diese Zurückhaltung scheint im Hinblick auf die noch nicht abgeschlossene medizinische Erforschung der mit dem Tode – im weitesten Sinne des Wortes – verbundenen Probleme begrüßenswert. So liegt zwar eine gesetzliche Bestimmung über den Beginn (§ 1 BGB), aber nicht über das Ende einer menschlichen Person vor.

Von seiten der Rechtsmedizin wird eine rein naturwissenschaftliche Todesdefinition abgelehnt (*Spann* 1969). Es interessiert vielmehr die Grenze zwischen menschlichem Leben im eigentlichen Sinne und unbeseelter Materie, wobei man also von der Definition des Lebens ausgeht. Die Grenzziehung zwischen Leben und Tod kann nach *Spann* (1966) nur durch eine Wertung erfolgen, was nicht nach rein biologischen, sondern nur nach von der menschlichen Gesellschaft aufgestellten Kriterien möglich sei. Den Tod des Menschen will er aber mit dem irreversiblen Funktionsausfall des gesamten zentralen Nervensystems gleichgesetzt wissen, da „der Organtod des Gehirns nicht nur strafrechtlich gleichbedeutend mit dem Tod des Gesamtorganismus ist, sondern unvereinbar mit Mensch und Leben."
Auch *Hansen* (1969) von derselben Fachdisziplin sieht „keine Zweifel daran, daß der Individualtod bzw. der biologische Tod nur dann eingetreten ist, wenn das Gehirn irreversibel seine Funktionen eingestellt hat."
Nach dem Strafrechtslehrer *Hanack* (1969a) gibt es aus rechtlicher Sicht keine prinzipiellen Einwendungen gegen die Einsicht der modernen Medizin, „daß das menschliche Leben von den spezifischen höheren Funktionen des Gehirns abgeleitet ist. Insbesondere hindert auch der längere oder kürzere Fortbestand peripherer Organfunktionen die Anerkennung des Todes nicht, weil dieser Fortbestand dann keine spezifisch menschliche Lebensäußerung mehr darstellt, sondern als eine Art animalischer Restbestand eines nicht mehr ‚menschlichen' Lebens verstanden werden muß."
Auch für das Zivilrecht ist nach *Liebhardt* (1966) der Tod des Gehirns dem des Menschen gleichzusetzen. Der Gerichtsmediziner *Schwerd* (1969) gibt zwar zu, daß der Organtod des Gehirns unvereinbar mit den Begriffen Mensch und Leben ist, plädiert jedoch wegen der rechtlichen Konsequenzen für die Beibehaltung des klassischen Todesbegriffs.
Zur Klärung dieser unterschiedlichen Todesdefinitionen und der damit verbundenen Problematik haben medizinische Fachgesellschaften und andere Institutionen Stellungnahmen bzw. Empfehlungen ergehen lassen, von denen einige angeführt werden sollen:

XXII. Generalversammlung des Weltärztebundes:
„Erklärung von Sydney" vom 9.8.1968: der Begriff „Hirntod" ist zwar nicht enthalten, doch ist die heute gegebene Möglichkeit erwähnt, „mit Hilfe künstlicher Beatmung die Zirkulation sauerstoffhaltigen Blutes in einem Körper aufrechtzuerhalten, der irreversibel geschädigt sein kann."

Bundesärztekammer der BRD:
Nach Wiederherstellung von Kreislauf und Atmung ist zur Feststellung des Todes der Funktionszustand des Gehirns maßgebend (Stellungnahme des Wissenschaftlichen Beirates, am 29.8.1968 an das Bundesgesundheitsministerium gesandt).

Stellungnahme der Deutschen Gesellschaft für Chirurgie über „Todeszeichen und Todeszeitbestimmung" (1968), der sich die Deutsche Gesellschaft für Anästhesie und Wiederbelebung angeschlossen hat: Im allgemeinen haben die bisherigen klassischen Todeszeichen nach wie vor Gültigkeit. In Grenzfällen – unter den Methoden der modernen Wiederbelebung und Intensivtherapie – ist der Organtod des Gehirns zugrunde zu legen.

Empfehlungen der Deutschen EEG-Gesellschaft zur Bestimmung der Todeszeit (1970): Dem Nullinien-EEG (hirnelektrische Stille) kommt zur Feststellung des Gehirntodes lediglich die Bedeutung eines Zusatzdiagnostikums zu.

Canadian Medical Association Statement on Death,
Special Committee on the Definition of the Death (28.11.1968): Unter Zugrundelegung der „Erklärung von Sidney" des Weltärztebundes wird die Forderung erhoben, daß die Ärzteschaft die rechtliche Verantwortung für die Todesfeststellung erhalten soll. Die Todesdefinition soll in Zweifelsfällen auf den Kriterien der zerebralen Funktionen beruhen. Gewöhnlich seien die klassischen Todeszeichen ausreichend.

Komitee der Gesellschaft für Anästhesiologie in der CSSR (s. *Keszler* u. Mitarb. 1968): Anerkennung des zerebralen Todes für Sondersituationen.

Dänemark:
Im dänischen Gesetz Nr. 246 vom 9.6.1967 "Removal of Human Tissue" wird der Hirntod nicht akzeptiert. Persönliche schriftliche Mitteilung des Direktors des Rechtsmedizinischen Instituts der Universität Kopenhagen, Professor Dr. *Gormsen* vom 21.4.1969: Keine offizielle Regelung der Definition und der Kriterien des Todes.

Finnischer Ärztebund:
Er legte eine Stellungnahme des Gerichtsmediziners *Uotila* (1968) vor: Unter den Bedingungen der Reanimation und Intensivtherapie Anerkennung des Hirntodes.

Colloque sur les états frontières entre la vie et la mort
im Oktober 1960 in Marseille (s. bei *Keszler* u. Mitarb. 1968) und Circulaire Nr. 67 vom 24. April 1968 (s. bei *Hadengue* 1969: Anerkennung des Todes des ZNS (mort du cerveau) für Zustände des Coma dépassé.

Committee on Medical Science, Education and Research of the British Medical Association (1968):
Maßgebend unter Reanimationsbedingungen sind die Zeichen des neurologischen Todes.

Ad-Hoc-Komitee der Japanischen EEG-Gesellschaft (1968):
Gehirntod (= irreversibler Verlust der Funktionen des Hirnstammes und der Hirnhemisphäre) entscheidet im Zweifelsfalle.

Norwegen:
Persönliche schriftliche Mitteilung des Direktors des Rechtsmedizinischen Instituts der Universität Oslo, Prof. Dr. *Lundevall* 1969: Unter Reanimationsbedingungen Anerkennung eines irreparablen Gehirnschadens.

Schweden:
National Board of Health and Social Welfare (persönliche schriftliche Mitteilung des Byra Direktör *Sigvard Malm* vom 18.3.1969): Beibehaltung der klassischen Todesdefinition. Auch das zentrale Sozialamt hat in einer Verlautbarung vom 18.2.1969 (Socialstyrelsen, Iagbyran Burachef *Börje Langton,* 28.2.1969) die Einführung des

Hirntodesbegriffs nicht unterstützen können und für die weitere Anerkennung der bisherigen Todeskriterien plädiert. Nur die Medizinische Fakultät Göteborg hat sich neben der Zugrundelegung der klassischen Todesdefinition für die zusätzliche Einführung des Gehirntodesbegriffs ausgesprochen.
Der Schwedische Ärztebund (zit. nach World Medical Association 6.3.1968) vertrat die Ansicht, daß der Hirntod nur in besonderen Kliniken diagnostiziert werden könne.

Schweizerische Akademie der Medizinischen Wissenschaften (1969), Erarbeitung von Richtlinien für Definition und Diagnose des Todes unter Mitarbeit von Medizinern und Juristen: Anerkennung des „zerebralen Todes" neben „Herz-Kreislauf-Tod."

UdSSR:
Persönliche schriftliche Mitteilung des Präsidenten der Sowjetischen Gesellschaft für Anästhesiologie und Wiederbelebung, Prof. Dr. *T. M. Darbinjan,* vom November 1969: Das Gesundheitsministerium der UdSSR befaßt sich mit der Definition und den Kriterien des Todes unter dem Wandel der modernen Medizin, jedoch sind die Arbeiten noch nicht abgeschlossen.

USA:
Ad Hoc Committee of the Harvard Medical School (1968): In Grenzfällen sind die Symptome des "brain death syndrome" und "irreversible coma" für die Todesfeststellung und Todeszeitbestimmung maßgebend.

Auch auf internationalen Kongressen ist die Problematik im Grenzbereich zwischen Leben und Tod mehrfach unter Teilnahme von Medizinern, teils auch von Juristen und Theologen, abgehandelt worden, z.B.

- Symposium "The Ethical Aspects of Experimentation on Human Subjects"; American Academy of Arts and Sciences, 3. und 4.11.1967
- Rundgespräch „Der zentrale Atemstillstand, eine ärztliche Konfliktsituation" auf der Jahrestagung der Deutschen Gesellschaft für Neurochirurgie, 19. bis 22.6.1968 in Göttingen
- Symposium "The Moment of Death". New Jersey Academy of Medicine, 18.9.1968 in Nutley, New Jersey
- Rundgespräch „Atemstillstand – Herzstillstand – Tod" auf der 86. Tagung der Deutschen Gesellschaft für Chirurgie am 12.4.1969 in München
- Rundgespräch „Grenzen der Wiederbelebung und Intensivtherapie" auf der XII. Gemeinsamen Tagung der Österreichischen, Schweizerischen und Deutschen Gesellschaften für Anästhesiologie und Wiederbelebung, 3. bis 6.9.1969 in Saarbrücken

Auch hierbei hat sich immer wieder gezeigt, daß man *zwischen Leben und Tod keine scharfe Grenzlinie* annehmen kann. "In most instances death is a gradual process as is cessation of life" (*Biörck* 1967). Hier sind vor allem die umfassenden pathophysiologisch-tierexperimentellen Arbeiten von *Negovsky* (1959, 1961, 1963) zu nennen. Er unterscheidet für das Ende eines Lebens die *terminale Pause,* die *Agonie* und den *klinischen Tod.* Nach seiner Ansicht ist bereits die terminale Pause mit zeitweiligen Unterbrechungen der Atmung für 30 sec bis 1½ min insgesamt durch eine chaotische Lebenstätigkeit charakterisiert, „der Organismus hört auf, als etwas Ganzes zu existieren." In der Agonie kämpfe der Organismus um die Erhaltung des Lebens, die

Funktionen der höheren Abschnitte des Nervensystems seien bereits erloschen, und der energetische Bedarf des Organismus werde nur auf Kosten der anaeroben Glykolyse gedeckt. In der Phase des klinischen Todes haben nach *Negovsky* Herz- und Atemtätigkeit ganz aufgehört. Es ist zu einer noch tieferen Hemmung des ZNS gekommen, von der auch die Medulla oblongata erfaßt sei.

Die Phase der Agonie – der Ausdruck bedeutet Kampf – wurde von *Laves u. Berg* (1965) näher untersucht, die darunter einen sehr labilen Gleichgewichtszustand zwischen Leben und Tod verstehen, von dem aus es wieder zur Genesung oder zum tödlichen Ausgang kommen könne. Sie sehen im Tod das Ende der Agonie, aus dem heraus eine Wiederbelebung der lebenswichtigen Funktionen, vor allem des ZNS, nicht mehr möglich sei. Auch für sie beginnt die Agonie mit einer lebensbedrohlichen Minderung der wichtigsten Funktionen des Organismus: der Atmung, des Kreislaufs und des ZNS.

Muller (1967) ist dagegen der Überzeugung, daß der Begriff Agonie praktisch die Irreversibilität einschließt und eine Phase mit sicher tödlichem Ausgang bezeichnet. Auf jeden Fall stellen die pathologisch-anatomisch feststellbaren Veränderungen am Lebensende nach *Masshoff* (1968) eine Strukturdesintegration der Zellen dar, was man früher als Nekrobiose, als Übergang zwischen Leben und Tod, bezeichnet hat. Dabei sind autolytische Veränderungen feststellbar, die nach eingetretenem Zelltod ablaufen. Dem gestaltlich faßbaren Tod müssen vom pathophysiologischen Gesichtspunkt her funktionelle Störungen vorausgegangen sein, was uns auch der klinische Verlauf in entsprechenden Fällen bestätigt.

Der Begriff *„Sterben"* bezeichnet also den auch unter früheren Bedingungen schon bekannten, sich über mehr oder weniger lange Zeit hinziehenden Übergang vom uneingeschränkten Leben zum definitiven Tode. *M. Bürger* (1957) war sogar der Auffassung, daß der Prozeß des Sterbens bereits mit der Geburt beginnen würde. Sterben gehört zum Tode, und der Tod vollzieht sich als Prozeß des Sterbens. Das endgültige Verlöschen der Lebensfunktionen erfolgt nicht in allen Organen und Geweben gleichzeitig. Vielmehr bedingen die unterschiedlichen Empfindlichkeiten gegenüber Sauerstoff- und Energiestoffmangel nicht unbedeutende zeitliche Differenzen. Hieraus ergeben sich zwangsläufig erhebliche Schwierigkeiten für die Feststellung des Todes und seines Zeitpunktes. Diese Schwierigkeiten sind infolge neuerer pathophysiologischer Untersuchungen über Vorgänge in der Grenzphase zwischen Leben und Tod, der perimortalen Phase, und mit den Fortschritten der Medizin zur Lebenserhaltung nicht geringer, sondern viel größer geworden.

Feststellen des Todes

Allgemeines

Für uns Ärzte wirft die Frage nach der Feststellung des Todes und des Todeszeitpunktes am Ende einer unheilbaren Krankheit gewöhnlich keine ernsten Probleme auf. In diesen Fällen ist das Aufhören von Atem- und Kreislauftätigkeit gleichbedeutend mit dem Eintritt des Todes. Unter dem Einfluß der Reanimation und Intensivtherapie können aber Situationen eintreten, bei denen der Nachweis von Todeszeichen und die Feststellung des Todeszeitpunktes außerordentlich problematisch sind.
Freilich war auch schon früher bekannt, daß viele Zellen und Zellverbände diesen „Herz-Lungen-Tod" kürzere oder längere Zeit überleben, ja sogar noch über das Auftreten der sicheren Todeszeichen (Totenstarre, Totenflecken und Leichenfäulnis) hinaus, wie z.B. die Spermatozoen bis zu 120 Stunden (*Spann* 1969).
Trotz ihrer engen und funktionellen Koppelung stellen auch Atmung und Kreislauf ihre Tätigkeit vielfach nicht zum gleichen Zeitpunkt ein. Atmung und Kreislauf bieten uns dabei keinen sicheren Anhalt, zumal beide künstlich aufrechterhalten oder zu ersetzen sind. So kann die terminale Schnappatmung den plötzlichen Herzstillstand minutenlang überdauern. Umgekehrt ist es möglich, daß nach einem Atemstillstand noch bis zu 30 min, nach *Wawersik* (1969a) sogar bis 40 min, Herzaktionen nachzuweisen sind.
Aus allem ergibt sich, daß während des Übergangs vom Leben zum Tode, also des Sterbevorgangs, ein Punkt erreicht wird, von dem ab auch alle modernen und umfangreichen medizinischen Maßnahmen den *Tod des Gehirns und damit des Gesamtorganismus* nicht mehr abzuwenden vermögen. Man kann ihn als *Beginn der Irreversibilität* bezeichnen, bedingt durch Störungen des Gehirns, die sich nicht beheben lassen und ein Weiterleben des Gesamtorganismus ausschließen.
Der möglichst genauen und sofortigen Feststellung dieses zeitlichen Beginns der Irreversibilität ex ante oder bald danach kommt sowohl aus medizinischer und juristischer als auch sozialökonomischer, philosophisch-ethischer und religiöser Sicht entscheidende Bedeutung zu. Dieser Zeitpunkt würde die Einstellung aller medizinischen, über die Befriedigung der Grundbedürfnisse hinausgehenden Maßnahmen rechtfertigen.
Um aber den Beginn der Irreversibilität der Gehirnfunktionen klinisch erfassen zu können, benötigen wir zuverlässige und klinisch eindeutig feststellbare Symptome und Kriterien für den Hirntod. Ihre Aufstellung und Anerkennung hat viele, zum Teil lebhaft geführte Diskussionen in Gang gesetzt, so daß sogar in Analogie zur Scheintodbewegung des 18. und 19. Jahrhunderts wieder Befürchtungen wegen einer vorzeitigen Todeserklärung mit allen Konsequenzen geäußert wurden.

Kriterien für den Hirntod

Nach wie vor gelten als klassische Zeichen des Todes für den Normalfall: neben den unsicheren – Ausfall der Spontanatmung und der Herz-Kreislauf-Funktion – die sicheren, sekundären: Totenflecke, Totenstarre und Fäulniserscheinungen. *Für die Bedingungen der Reanimation und Intensivtherapie* mit künstlicher Aufrechterhaltung der Atem- und Herz-Kreislauf-Tätigkeit mußten jedoch *andere Todeszeichen* aufgestellt werden. Nach internationaler Übereinstimmung werden folgende Kriterien anerkannt:

1. definitives Erlöschen des Bewußtseins (Koma),
2. definitiver Ausfall der Spontanatmung (Apnoe),
3. beiderseitige Mydriasis und fehlende Lichtreaktion,
4. Fehlen zentralgesteuerter Reflexe (Areflexie im Bereich der Hirnnerven).

Der Ausfall der Spontanatmung ist nur bei normalen pCO_2-Werten als Ausgangslage, d.h. nach Beseitigung eines Hyperventilationseffektes, festzustellen. Eine tiefe Bewußtlosigkeit läßt sich durch sensorische und Schmerzreize, die Areflexie im Bereich der Hirnnerven, z.B. durch kräftiges Bewegen des endotracheal gelegten Tubus (Würg- und Trachealreflex), prüfen. Ein fester Bulbusdruck darf keine Bradykardie mehr auslösen. Spinale Reflexe und spinaler Tonus können erhalten bleiben (*Penin u. Käufer* 1970).

Alle diese Symptome sind für die Feststellung des Hirntodes nur bedeutsam, wenn

a) ein direkter Hirnschaden vorliegt (äußere Gewalteinwirkung, intrakranieller Druckanstieg),
b) keine Hypothermie unter 34°C besteht,
c) kein Zustand einer Narkose, einer medikamentös herbeigeführten zentralen Depression oder einer Intoxikation vorliegt,
d) die oben angegebenen Symptome in ihrer Gesamtheit über einen längeren Zeitraum, der sog. *Schwebezeit (Wawersik* 1969a, c; *Wiemers* 1969), fortbestehen, dessen Länge unterschiedlich angegeben wird: Deutsche Gesellschaft für Chirurgie (1968) zwölf Stunden, Ad Hoc Committee of the Harvard Medical School (1968) 24 Stunden; von einigen Autoren werden auch kürzere Zeiträume angegeben.

Diese Symptome sprechen *nicht einzeln, sondern nur in ihrer Gesamtheit* für den Funktionsausfall des Gehirns in toto, der sich bei längerem Bestehen über mehr als 30 min (*Loew* 1969) durch keinerlei Maßnahmen beheben läßt und mit dem Tod des Gehirns identisch ist.

Wegen der Tragweite einer solchen Feststellung hat man nach sicheren, dokumentationsfähigen Beweisen des Gehirntodes unter den Bedingungen einer künstlich aufrechterhaltenen Atem- und Kreislauffunktion gesucht. So können als zusätzliche diagnostische Kriterien herangezogen werden:

1. der Ausfall aller Hirnstromaktionspotentiale im EEG;
2. der angiographisch nachgewiesene intrakranielle Kreislaufstillstand.

Elektroenzephalogramm

Das EEG als *Indikator für die Hirnrinden-, aber nicht für die Hirnstammfunktion* muß technisch einwandfrei und mit größter Verstärkung abgeleitet werden, wobei die von der Deutschen EEG-Gesellschaft empfohlene Ableitetechnik (1970) beachtet werden sollte. In der Literatur ist wiederholt darauf hingewiesen worden, daß ein EEG mit flacher Wellenaktivität für diese Fragestellung nicht zu verwerten ist, sondern nur Ableitungen *mit einwandfreier O-Linie (Wawersik* 1969c). Ferner werden von der Deutschen EEG-Gesellschaft mehrere EEG-Kontrollen von jeweils 30 min Dauer verlangt, von anderen Autoren sogar noch längere kontinuierliche Ableitungszeiten.

Hierzu ist festzustellen, daß unter den Bedingungen der Wiederbelebung mit Einsatz von Respiratoren und Überwachungsgeräten eine technisch einwandfreie Ableitung über lange Zeit nur schwer möglich ist. Außerdem muß bezweifelt werden, ob jedem Krankenhaus ein für diese Belange geeignetes EEG-Gerät und auch ein in der Beurteilung von EEG-Befunden erfahrener und versierter Arzt zur Verfügung stehen.

Der Wert der EEG-Diagnostik wird ferner durch die auch in der hiesigen Neurochirurgischen Klinik mehrfach gemachte Beobachtung *eingeschränkt,* daß im EEG – trotz einwandfreien Vorhandenseins aller klinischen Zeichen des Hirntodes und auch des serienangiographisch nachgewiesenen Kreislaufstillstandes – eine sog. O-Linie fehlen kann. Eine Erholung der elektrischen Aktivität des Gehirns konnte so-

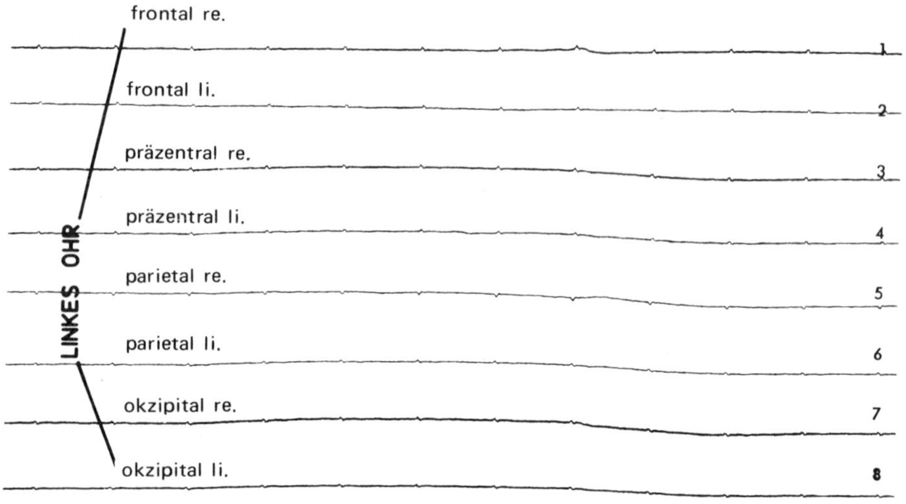

a

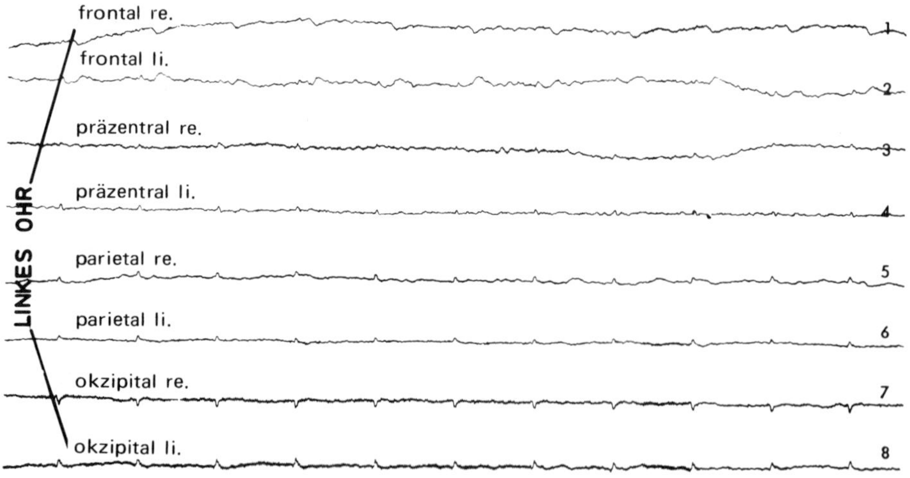

b

Abb. 1. EEG des 34jährigen Patienten. a) Normale Verstärkung, b) maximale Verstärkung

gar noch nach Ischämiezeiten gefunden werden, deren Länge zweifelsfrei ein Überleben des Gehirns ausschließen (*Hirsch* 1971).
Ein klinisches Beispiel möge diese Erfahrungstatsachen unterstreichen und gleichzeitig vor einer Überbewertung von EEG-Befunden zur Feststellung des Hirntodes warnen.

Beispiel 6: 34jähriger Mann
Fieberhafte Erkrankung mit krampfartigen Erscheinungen, zunehmender Somnolenz, Meningismus, Hemiparese rechts. Unter dem Verdacht eines Hirnabszesses Überweisung in die hiesige Klinik

Aufnahmebefund 1.1.1971: Tief bewußtlos, Streckreaktionen beiderseits auf leichte Schmerzreize. Opisthotonus. Deutlicher Meningismus. Babinski-Reflex beiderseits positiv. Übermittelweite, lichtstarre Pupillen. Hyperthermie von 39,5°C.
Lumbalpunktion: unter hohem Druck stehender, leicht trüber Liquor.
Auf den im auswärtigen Krankenhaus angefertigten Karotisangiogrammen leichte Parallelverschiebung der A. cerebri anterior um 3 mm. Gestreckter Verlauf der Äste der A. cerebri media. Kein Anhalt für umschriebene Raumforderung. Verdacht auf Ödem der linken Hemisphäre.
2.1.1971: Wegen Verschlechterung des Befundes mit Ausfall der Spontanatmung und unter dem Verdacht auf Meningoenzephalitis mit Abszeßbildung Anlegen von frontalen Bohrlöchern beiderseits zur Liquordrainage. Kontrollierte Dauerbeatmung
4.1.1971: *EEG* zur Bestätigung des klinisch vermuteten zerebralen Todes (Mingograph 8 Standard, Zeitkonstante 0,3 sec):
normale Verstärkung (100 μV): O-Linie, durch spannungsarme EKG-Artefakte unterbrochen (Abb. 1a);
maximale Verstärkung (20 μV/cm): ubiquitär sehr flache Aktivitäten (ca. 1-2 μV) mit Frequenzen zwischen 8-10 Hz (Abb. 1b).
Beurteilung durch einen Spezialisten der Neurochirurgischen Klinik (Dr. *Fischer*): vorliegendes EEG ist zur Feststellung des zerebralen Todes nicht geeignet.
Weitere Verschlechterung des Kreislaufs, Hypothermie.
Angiographie von der rechten A. brachialis aus nach künstlicher Anhebung des Blutdruckes mit Infusionen und Akrinor: auf allen Aufnahmen von drei im Abstand von etwa je 25 min angefertigten Angiographieserien keine intrakranielle Gefäßdarstellung (Abb. 2a-d).
Aufgrund der klinischen Befunde mit tiefer Bewußtlosigkeit, Ausfall der Spontanatmung, Areflexie im Bereich der Hirnnerven, beiderseitiger lichtstarrer Mydriasis, Ausfall der Temperaturregulation, Versagen des Kreislaufes und angiographisch gesichertem Ausfall des intrazerebralen Kreislaufes gilt der Hirntod als erwiesen. Einstellung jeglicher Therapie. Exitus letalis.

Obduktion: Auszug: ausgedehnter ödembedingter Erweichungsherd der beidseitigen paraventrikulären Hirnabschnitte unter Einbeziehung der beiderseitigen Stammganglien einschließlich der rechten Capsula interna. Blutung in die Cysterna cerebellomedullaris. Hirngewicht 1 670 g (normal 1 405 g nach *Rössle u. Roulet* 1932) (Abb. 3).
Akute hämorrhagische Enzephalitis mit massiver leukozytärer Infiltration des Groß- und Kleinhirns und zahlreichen perivasalen Einblutungen. Stase des intrazerebralen Kreislaufs. Frische Thrombose der A. carotis interna links.

Grundkrankheit: akute hämorrhagische (postinfektiöse) Enzephalitis.

Todesursache: Hirnödem, zentraler Tod.

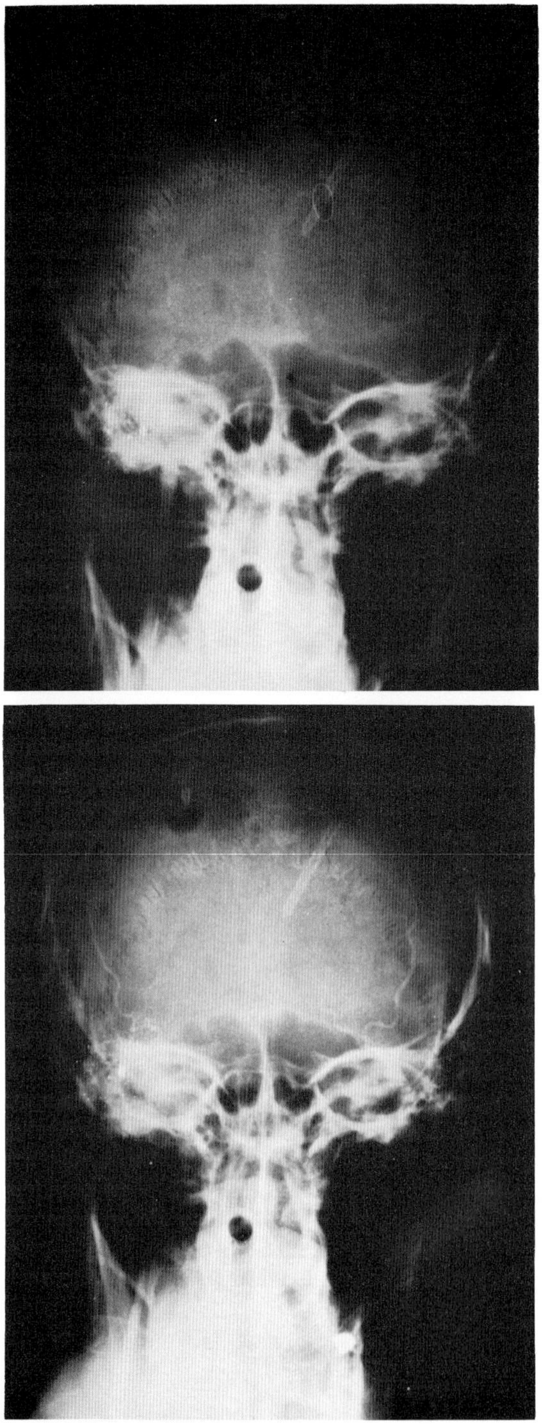

a

b

Abb. 2. Patient von Beispiel 6. Karotisangiographie von der rechten A. brachialis aus. Keine intrazerebrale Gefäßdarstellung.
a) 2 sec p.i.;
b) 7 sec p.i.;

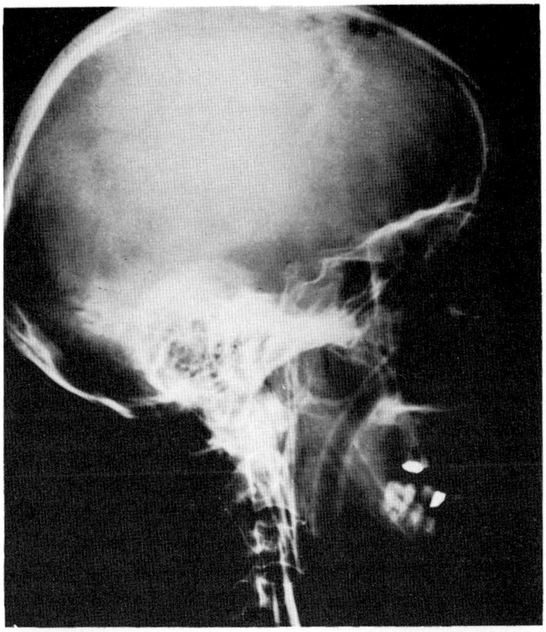

c

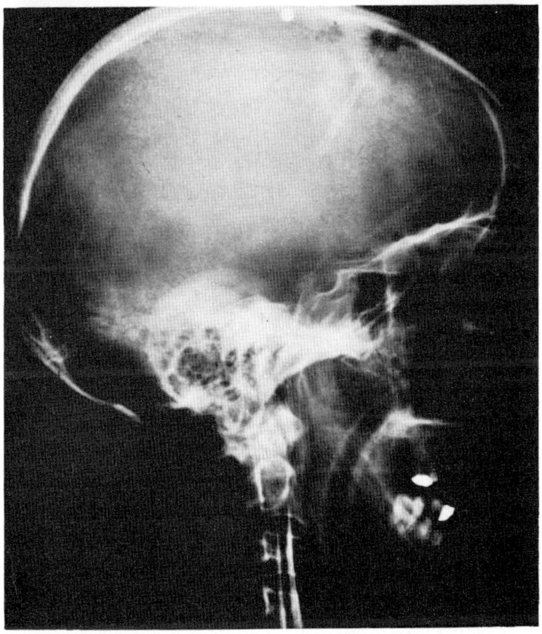

d

c) 4 sec p.i.;
d) 7 sec p.i.

Die in diesem Beispiel aufgezeigte *Diskrepanz zwischen EEG einerseits und klinischen sowie angiographischen Befunden* andererseits haben wir in ähnlichen Fällen mehrfach erlebt, so daß uns das EEG zum Beweis des Hirntodes unsicher erscheint und daher in der hiesigen Neurochirurgischen Universitätsklinik *der Serienangiographie mehr Wert beigemessen* wird.

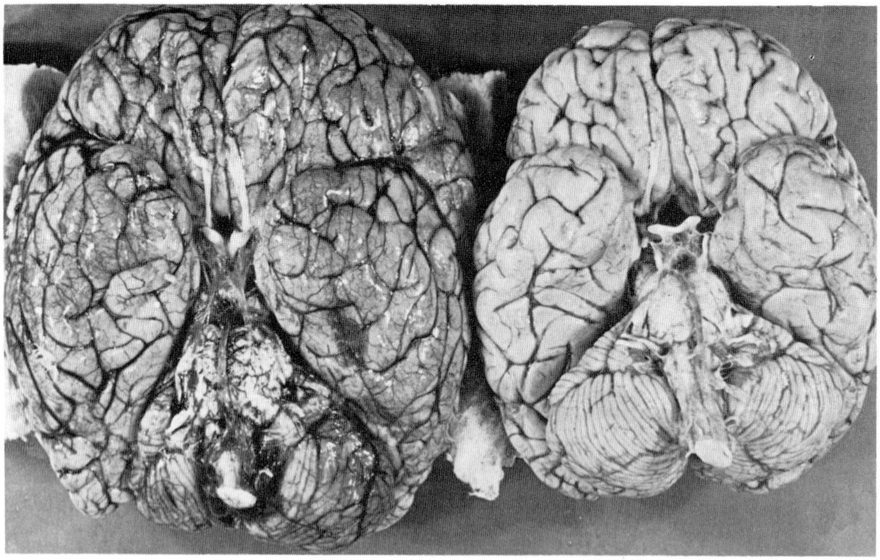

Abb. 3. Stark ödematöses Gehirn des 34jährigen Patienten (links) im Vergleich mit dem normalgroßen Gehirn eines Erwachsenen (rechts)

Die Verwertbarkeit des EEG für die aufgeworfene Fragestellung wird ferner durch die im Steigen begriffene Wahrscheinlichkeit eines *Zusammentreffens von einem scheinbar schweren Schädel-Hirn-Trauma und einer Intoxikation* gemindert, wobei das EEG aufgrund der Intoxikation unter Umständen den Verlust der Hirnrindenaktivität aufzeigen und dadurch zu fatalen Schlußfolgerungen Anlaß geben könnte. Ein derartiges folgenschweres Zusammentreffen wurde von *H.-J. Wagner* (1969) deutlich genug dargestellt.

Dagegen hält *Ketz* (persönliche Mitteilung, 1971) die Ableitung eines EEG unter technischen Optimalbedingungen zum Nachweis des irreversiblen Hirntodes nach Vorliegen der klinischen Kriterien für unbedingt nötig und fordert dazu eine kontinuierliche Ableitungsdauer von mindestens 35 min (gleichzeitige Schmerz-, Licht- und kalorische Vestibularisreize). Soll über die Einstellung der Intensivtherapiemaßnahmen entschieden werden, wird auch von *Ketz* eine zusätzliche Hirnangiographie gefordert.

Serienangiographie

Der Beurteilung der intrakraniellen Kreislaufverhältnisse mit Hilfe der Serienangiographie nach Kontrastmitteleinspritzung (*Moniz* 1927) kommt für die Feststellung eines Hirntodes allergrößte Bedeutung zu (*Bücheler* u. Mitarb. 1970; *H. Schneider* u. Mitarb. 1967; *Tönnis u. Schiefer* 1959; *Wüllenweber* u. Mitarb. 1969).

Diese Nachweismöglichkeit beruht auf der Tatsache, daß die Serienangiographie *Rückschlüsse auf örtliche und allgemeine Veränderungen der Hirndurchblutung und auf die Zirkulationszeit* zuläßt, und daß *mit steigendem intrakraniellen Druck die Hirndurchblutung abnimmt.* Auch hierbei gilt die Forderung einer einwandfreien technischen Durchführung und fachgerechten Beurteilung (*Loew* 1969; *Tönnis u.*

Schiefer 1959). Außerdem ist zu beachten, daß der Ausfall der intrazerebralen Blutversorgung nur bei Kreislaufstillstand in beiden Aa. carotides internae und beiden Aa. vertebrales bewiesen ist.
Während das angiographische Fehlen eines Hirnkreislaufes zusammen mit der übrigen klinischen Symptomatik beweisend für einen Hirntod gelten kann, vermag die angiographisch festgestellte Hirnzirkulation einen Hirntod nicht auszuschließen (*Gött* 1968; *Käufer u. Penin* 1968; *Käufer* u. Mitarb. 1970; *Liebhardt* 1966; *Loew* 1969; *Tönnis u. Frowein* 1963; *Wawersik* 1969b). Diese Möglichkeit ist z.B. anzunehmen, wenn bei Vorliegen eines Hirnödems nach dehydrierenden Maßnahmen eine derartige intrakranielle Druckabnahme erreicht wird, daß das zerebrale Gefäßsystem sich wieder darstellen kann. Dabei hat aber der Ausfall der Blutversorgung für das Gehirn zumeist so lange (länger als die Wiederbelebungszeit von 8-10 min) bestanden, daß eine irreversible Schädigung vorliegt, was sich auch aus dem Fortbestehen der übrigen Kriterien des Hirntodes ergeben würde.
Eine fehlende Gefäßdarstellung ist allerdings für einen Hirntod nur beweiskräftig, wenn während der angiographischen Untersuchung der *Systemblutdruck im Normbereich gehalten* werden kann oder zumindest nicht unter 60 mmHg systolisch (am Oberarm gemessen) abgesunken ist. Um das gewünschte Blutdruckniveau zu erreichen und aufrechtzuerhalten, sind u.U. wiederholte Gaben von Kreislaufmitteln (Akrinor) und Volumenauffüllung erforderlich.
Nach den Empfehlungen der Deutschen Gesellschaft für Chirurgie (1968) muß die Angiographie dann 30 min später wiederholt werden und das gleiche Resultat erbringen, wenn der klinisch „Tote" als Organspender vorgesehen ist.
Soll jedoch die Serienangiographie nur zur letzten dokumentarischen Sicherung eines bereits schon länger als 30 min aufgrund der klinischen Symptomatik festgestellten Hirntodes dienen, ist eine *einzige simultane Serienangiographie in zwei Ebenen ausreichend.* Nach Ansicht von Neurochirurgen ist in solchen Fällen „mit an Sicherheit grenzender Wahrscheinlichkeit anzunehmen, daß auch der *Zirkulationsstillstand bereits ½ Stunde andauert" (Loew* 1969) und damit der Hirntod gesichert ist. Dann kann auch eine Verkürzung der auf S. 25 angeführten Schwebezeiten erfolgen (*Wawersik* 1971).
Zur angiographischen Beurteilung der Hirndurchblutung ist zweifellos die Kontrastmittelinjektion über einen *im Aortenbogen liegenden Katheter die beweiskräftigste Methode,* weil sowohl beide Karotiden als auch beide Vertebralarterien zur Darstellung kommen können (*Bücheler* u. Mitarb. 1970). Da aber auch nach einer Zirkulationsunterbrechung nur der beiden Aa. carotides internae eine Erholung des Gehirns nicht beobachtet werden konnte, darf bei vorliegender klinischer Symptomatik auf eine Darstellung der Vertebralarterien verzichtet werden. So haben beispielsweise *Frowein u. Pohl* (1970) angiographisch nachgewiesene zerebrale Zirkulationsstillstände (Carotis interna) mit den klinischen Befunden des zentralen Todes und der Überlebenszeit in Beziehung gesetzt und dabei feststellen müssen, daß die Patienten mit einem Atemstillstand von wenigstens 30 min Dauer, in einigen Fällen sogar bei nachweisbarer Schnappatmung, trotz kontinuierlicher Beatmung und in einigen Fällen trotz Operation sämtlich verstorben sind. Auch bei nur inkomplettem intrakraniellen Kreislaufstillstand, aber extremer Zirkulationsverlangsamung, überlebte kein Patient.
Ein etwa ähnlicher Zustand liegt bei der Hyposystolie ("weak action") des Herzens vor, die zwar keinen echten Herzstillstand darstellt, in hämodynamischer Hinsicht aber einem solchen gleichgesetzt werden muß.

Aufgrund der Befunde von *Hirsch u. Schneider* (1968) über die Beziehung von intrakranieller Drucksteigerung, Massenverschiebung und Hirndurchblutung kann auch eine *starke Verlangsamung der Hirndurchblutung ein Weiterleben des Gehirns ausschließen.* Es kann dann noch eine gewisse Kontrastmitteldarstellung des intrakraniellen Gefäßbaumes zustande kommen, jedoch kann aus der Dauer der Zirkulationszeit auf eine Schädelinnendrucksteigerung geschlossen werden. In solchen Fällen werden gewöhnlich die Durchblutungszeiten, die für die arterielle Phase durchschnittlich 2,3 sec und für die Gesamtzirkulation der Hirngefäße 6,3 sec betragen (*Tönnis u. Schiefer* 1959), bei weitem überschritten.
Eine Verlangsamung der Hirnzirkulationszeit über 15 sec ist nach *Tönnis u. Schiefer* (1959) aufgrund ihrer Untersuchungen bei Hirntumoren mit intrakranieller Drucksteigerung nicht mehr mit dem Leben vereinbar. *Steinbereithner* (1969) konnte bei einigen Patienten die Grenze sogar schon bei einer Dauer von mehr als 6 sec ziehen. Im übrigen fehlen exakte Beobachtungen zur Feststellung einer bestimmten Zeitdauer (*Loew* 1969), so daß bei nachgewiesener Restzirkulation die Therapie fortgesetzt werden muß (s. Beispiel 15, S. 75).
Nach tierexperimentellen Untersuchungen von *Wolff u. Blumgart* (zit. bei *Tönnis u. Schiefer* 1959) hängt die Zirkulationsgeschwindigkeit in erster Linie vom arteriovenösen Druckgefälle und damit von der Höhe des arteriellen Blutdrucks ab. Auch hieraus ergibt sich die Forderung nach Sicherung eines genügend hohen Systemblutdruckes während einer Angiographie, um keiner Täuschung zu unterliegen.
Die Erfahrungen der Neurochirurgen lehren ferner, daß *mit Auftreten von Streckkrämpfen und Atemstörungen während der ersten 45 min nach dem Unfallereignis keinerlei Überlebenschancen* bestehen. Daran vermag auch die operative Entleerung des Hämatoms nichts zu ändern, zumal bei solchen Verletzungen außerdem noch eine schwere Hirnkontusion vorliegt. Es kann deshalb bei Vorhandensein der eben geschilderten Symptomatik auf die Durchführung aufwendiger diagnostischer Maßnahmen (EEG, Angiographie) verzichtet werden (*Frowein u. Palleske*, persönliche Mitteilungen, 1971).
Diese Erfahrungstatsache berechtigt sogar zu der Forderung, *derartige Hirnverletzte nicht erst noch in neurochirurgische Zentren zu verlegen,* weil bei ihnen nicht mehr die geringste Aussicht auf eine Wiedererlangung der zum Leben erforderlichen Hirnfunktionen besteht, zumal noch der Zeitverlust durch den Transport hinzukommt.
Unserer Erfahrung nach ist auch – selbstverständlich nur in Verbindung mit der übrigen klinischen Symptomatik – das Auftreten einer *Schnappatmung* bei Hirnverletzten *als Signum mali ominis zu werten.*
Die *Diagnose „Hirntod“* darf nur gestellt werden, wenn das Gehirn in allen seinen Abschnitten ausgefallen ist (*Gütgemann u. Vahlensieck* 1968; *Gütgemann* 1969; *Loew* 1969;*Vossschulte* 1969). Die Diagnosestellung ist also nur berechtigt, wenn eine *grobanatomische oder feinstrukturelle Zerstörung des Gehirns in seiner Gesamtheit* und ein dadurch bedingter definitiver Ausfall aller Hirnfunktionen vorliegt. Ist z.B. noch eine Spontanatmung nachweisbar und demzufolge die Funktion des Atemzentrums noch nicht erloschen, so kann keinesfalls die Diagnose „Hirntod“ gestellt werden, auch wenn das Bewußtsein völlig ausgefallen und keinerlei Reaktion auf äußere Reize auszulösen ist.
Zu einer solchen Diskrepanz der verschiedenen Hirnfunktionen kommt es im wesentlichen aufgrund der *unterschiedlichen Wiederbelebungszeit des Großhirns und der des phylogenetisch älteren Stammhirns sowie der Medulla oblongata.* Daraus resultiert die Möglichkeit einer partiellen Restitution von Hirnfunktionen, ohne daß jedoch diese

Menschen ihre Großhirnfunktionen, welche die Person ausmachen, jemals wiedererlangen.
In diese Gruppe von nur partiell ausgeheilter Hirnschädigung gehört beispielsweise das *apallische Syndrom,* das auch in seiner extremsten Ausprägung *nicht als Hirntod gewertet* werden kann (*Kaemmerer u. Dolce* 1966; *Loew* 1969; *Vossschulte* 1969). Für die Richtigkeit dieser Einstellung spricht nicht nur das Erhaltensein der Spontanatmung, sondern auch das zwar nicht regelmäßig, aber in manchen Fällen noch nachweisbare EEG mit weitgehend normaler Grundaktivität sowie die in seltenen Fällen beobachtete Rückkehr einzelner Großhirnfunktionen (*Bushart u. Rittmeyer* 1969, 1971).
Auch beim sogenannten Dezerebrationssyndrom (*Sherrington* 1896), einem Mittelhirnquerschnittssyndrom mit Bewußtlosigkeit und Streckkrämpfen, bleibt die Spontanatmung erhalten. Der Begriff „Dezerebration" sollte daher wegen der Gefahr seiner Verwechslung mit „Hirntod" nach *Loew* (1969) im medizinischen Sprachgebrauch keine Verwendung finden. Ebenso sollte man *nicht von „Individualtod" sprechen,* da man geneigt sein könnte, bereits bei Verlust von Großhirnfunktionen (z.B. Bewußtsein) trotz Vorhandenseins medullärer Funktionen (z.B. Spontanatmung) eine verlorengegangene Individualität anzunehmen.
Bei Kindern sind aufgrund der gegenüber Erwachsenen deutlich besseren Kompensations- und Restitutionsfähigkeiten aller Organe für die Feststellung des Hirntodes *strengere Maßstäbe* anzulegen. Insbesondere sollte die klinische Symptomatik über eine *längere Beobachtungsdauer* (Schwebezeit) verfolgt werden. Diese Forderung ist auch dann zu erfüllen, wenn der erste klinische Gesamteindruck für einen weitgehenden und irreversiblen Ausfall der Hirnfunktionen spricht. Ein klinisches Beispiel soll diesen Standpunkt und auch die sich daraus ergebenden Konsequenzen verständlich machen.

Beispiel 7: 4jähriger Junge
Verschüttung beim Spielen in einer Sandgrube durch eine herabbrechende Wand. Ausgrabung durch die herbeigerufenen Eltern. Einlieferung in ein auswärtiges Krankenhaus in klinisch totem Zustand. Sogar im EKG keine Zeichen einer Herzaktion. Massive Aspiration von Sand und Mageninhalt.
Sofort nach Krankenhausaufnahme extrathorakale Herzmassage, Freimachen der oberen Luftwege, Intubation, Sauerstoffbeatmung. Adrenalin intrakardial. Rückkehr der Herzaktion. Blutdruck wieder meßbar. Einsetzen der vorher sistierten Diurese. Verlegung unter kontinuierlicher künstlicher Beatmung in die hiesige Klinik.

Wichtigste Befunde bei der Aufnahme: Koma. Areflexie. Lediglich vereinzelte, völlig insuffiziente, schnappende Atmung. Blutdruck- und Temperaturwerte im Normbereich. EKG: normaler Sinusrhythmus. EEG: minimale Aktivität.

Therapie: Fortführung der bereits außerhalb begonnenen Intensivbehandlung mit Infusionen, Digitalisierung, Antibiotika unter kontrollierter Dauerbeatmung. Hirnödemprophylaxe mit Mannit. Azidosetherapie (pH 7,14; pCO_2 37,5 mmHg; Standardbikarbonat 12,3 mval/l; BE −16,8 mval/l) mit Natriumbikarbonat. Sedierung wegen anfänglicher Unruhe. Einige Stunden nach Klinikaufnahme Anstieg der Pulsfrequenz auf ca. 160/min und der Körpertemperatur auf 41,9°C. Am nächsten Tag Absinken der Temperatur auf ca. 35°C und in der Folgezeit noch darunter. Das Kind war nun völlig reaktionslos, eine Sedierung nicht mehr erforderlich.
Bei diesem Jungen bestand vom ersten Tage der Klinikaufnahme an der Verdacht auf einen Hirntod. Die sich aus dieser diagnostischen Vermutung ergebende Prognose wur-

de den Eltern offen mitgeteilt, die sich vielleicht deshalb mehrfach veranlaßt sahen, um Einstellung der Behandlungsmaßnahmen zu bitten. Aufgrund noch vorhandener Aktionsströme im mehrfach abgeleiteten EEG und im Hinblick auf das kindliche Alter konnten wir uns zu dieser Entscheidung nicht durchringen.
Am 5. Tage des Klinikaufenthaltes sollte die Diagnose Hirntod durch Serienangiographie gesichert werden. Diese Untersuchung mißlang jedoch aus technischen Gründen. Noch am Abend des gleichen Tages zunehmende Kreislaufverschlechterung mit Blutdruckabfall, Bradykardie und Erliegen der Herzaktion.

Obduktion: Auszug: Beim Eröffnen der Schädelkalotte prolabierte das Gehirn nach allen Seiten und zeigte eine sehr weiche Konsistenz. Mikroskopisch massenhaft pyknotische Ganglienzellen im Groß- und Kleinhirn. An einer zentralen Todesursache kein Zweifel (Abb. 4).

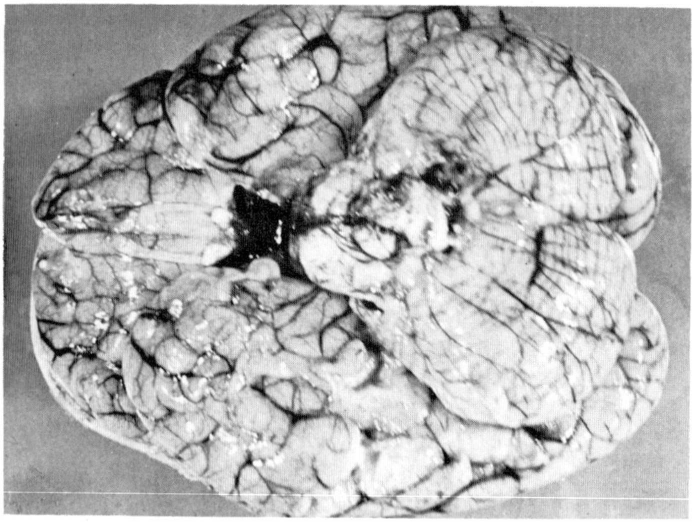

Abb. 4. Starkes Hirnödem des 4jährigen Jungen

Epikrise: Durch die Anoxie nach der Verschüttung in der Sandgrube war die Wiederbelebungszeit des Gehirns offensichtlich überschritten, dagegen nicht die des Herzens, das durch entsprechende Reanimationsmaßnahmen seine Tätigkeit mit ausreichender hämodynamischer Wirkung wieder aufnehmen konnte. Das Obduktionsergebnis bestätigte die Verdachtsdiagnose Hirntod, die aufgrund der über einen genügend großen Zeitraum bestehenden folgenden klinischen Symptome gestellt worden war:

1. Anoxieanamnese,
2. tiefe Bewußtlosigkeit,
3. weite, lichtstarre Pupillen,
4. Ausfall der Spontanatmung,
5. keinerlei zentral gesteuerte Reflexe,
6. Ausfall der Temperaturregulation.

Der im Verlaufe der Intensivtherapie dieses Jungen nach anfänglicher Hyperthermie erfolgte Abfall der Körpertemperatur um mehrere Grade Celsius unter die Norm darf – auch aufgrund eigener Erfahrungen – als Zeichen für einen Ausfall der zentralen Thermoregulation und damit auch als Zeichen für irreversible Hirnschädigung angesehen werden. Die *Hypothermie* stellt zweifellos nicht nur ein Zeichen für eine schwere Stammhirnschädigung, sondern auch ein *wichtiges klinisches Zusatzkriterium des zerebralen Todes* dar. Da sie aufgrund unserer Beobachtungen frühestens zwölf Stunden (nach *Wawersik* [1971] 24-36 Stunden) nach Beginn einer Ischämie des Gehirns aufzutreten pflegt, kommt ihrer Feststellung und ihrer Einbeziehung in die Hirntoddiagnostik im Hinblick auf die Wahrung einer genügend langen Schwebezeit besondere Bedeutung zu.

Wesentlich geringere Bedeutung zur Todesfeststellung sowohl des Gehirns als auch des Gesamtorganismus besitzen aufgrund ihrer diagnostischen Unsicherheit oder auch mangels routinemäßiger Durchführbarkeit einige Verfahren, die im folgenden nur der Vollständigkeit halber erwähnt werden sollen. So vermochte sich beispielsweise die Heranziehung der arteriovenösen Sauerstoffdifferenz zur Diagnostik des Hirntodes infolge zu geringer Verläßlichkeit nicht durchzusetzen (u.a. *Steinbereithner* 1969; *Wiemers* 1969). Mit Unsicherheiten in der Beurteilung ist nach *Hirsch* (1971) auch die Messung des pO_2 im Hirngewebe behaftet und nach *Wawersik* (1969b) auch die Bestimmung der Sauerstoffsättigung, der Hirndurchblutung und des Sauerstoffverbrauchs. Im eigenen Krankengut ist daher auf diese Untersuchungen verzichtet worden. Ebenso unterließen wir Messungen der kortikalen Gleichspannung, die nach *Bushart* (1971) und *Hirsch* (1971) ohnehin nur bei Ausbleiben einer Reaktion auf Blutgasverschiebungen verwertbar ist. Auch Ableitungen von evozierten und provozierten Potentialen sowie Tiefenableitungen sind bis jetzt für die klinische Routineanwendung ungeeignete Verfahren.

Bei der Diskussion um geeignete Kriterien zur Todesfeststellung und zur Todeszeitbestimmung in Grenzfällen wird häufig die Frage nach der hierzu erforderlichen *apparativ-technischen Ausrüstung* aufgeworfen. Dabei ist man von der ursprünglichen Zielsetzung, daß beispielsweise in jedem Krankenhaus ein zur optimalen Registrierung der Hirnrindenaktivität geeignetes Gerät vorhanden sein müsse, wieder abgerückt. Maßgebend für diese Entwicklung ist weniger das Kostenproblem (nach *Bushart* [1971] kostet ein EEG-8fach-Schreiber 80 000 DM), sondern vielmehr die Tatsache, daß eine möglichst optimale EEG-Diagnostik nur dann erwartet werden kann, wenn ein für die technisch einwandfreie Beurteilung befähigter Kollege zur Verfügung steht. Aus diesem Grunde und im Hinblick auf den nicht in jedem Falle zuverlässigen Aussagewert kann die Anfertigung eines *EEG* wohl mit Recht als eine *„diagnostische Hilfsmethode“ (Bushart* 1971) bezeichnet werden.

Auch auf die Serienangiographie kann in bestimmten Fällen verzichtet werden. Diese wesentliche Reduzierung der Diagnostik mit Hilfe einer aufwendigen technischen Ausrüstung ist nach *Frowein* (1969) und *Loew* (1969) vor allem bei Verletzten mit direkter Hirnschädigung vertretbar, die die Gesamtheit der für einen Hirntod charakteristischen klinischen Symptome aufweisen. *Im Prinzip* sollte die *Diagnose Hirntod in jedem Krankenhaus* gestellt werden können. Es erscheint deshalb nicht gerechtfertigt, Patienten nur zur Feststellung des Hirntodes von einem Krankenhaus zum anderen zu verlegen.

Demgegenüber ist es durchaus gerechtfertigt, in schwierigen Situationen einen erfahrenen Konsiliarius beizuziehen. Ein solches Vorgehen empfiehlt sich insbesondere bei Patienten mit einer indirekten Hirnschädigung (z.B. Intoxikationen, intrazerebrale Blutungen), weil bei diesen Kranken eine definitive Beurteilung nur unter Ausschöpfung aller diagnostischen Möglichkeiten erfolgen kann. Hierzu gehört auch eine längere Verlaufskontrolle unter Einschluß des EEG.

Allein vom medizinischen Aspekt her hat in Grenzfällen nicht nur die Feststellung des Todes, sondern auch die des Todeszeitpunktes erhebliche Bedeutung. Nach wie vor ist die Feststellung des Todeszeitpunktes – trotz der damit möglicherweise verbundenen juristischen Konsequenzen – eine *ärztliche Aufgabe.* Die Erfüllung dieser Aufgabe setzt freilich voraus, daß sich die Ärzteschaft mit der damit verbundenen Problematik ernsthaft beschäftigt, auch wenn manche Fragen noch ungelöst im Raum stehen.

Feststellen des Todeszeitpunktes

Unter den Maßnahmen der Reanimation und Intensivtherapie mit der Desintegration der Funktionen von Hirn, Atmung und Herz-Kreislauf-System ist der Zeitpunkt des Todes des Gesamtorganismus gleichbedeutend mit dem des *Hirntodes*. Besonders eindeutig wird diese zeitliche Koinzidenz in den Richtlinien der Schweizerischen Akademie der Medizinischen Wissenschaften unterstrichen.
Die zeitlich exakte Erfassung des eingetretenen Hirntodes stößt allerdings auf Schwierigkeiten, weil

1. die *einzelnen Hirnabschnitte* aufgrund ihrer uneinheitlichen Anoxietoleranz *zu verschiedenen Zeiten irreversibel geschädigt* werden, obgleich sich die Diagnose „Hirntod" auf das ganze Organ erstrecken muß;
2. Aufschluß nur aufgrund der *Endgültigkeit des Funktionsausfalls* zu gewinnen ist und
3. die prüfbaren Symptome des Funktionsausfalls *über einen bestimmten Zeitraum* bestanden haben müssen.

Diese Schwierigkeiten – besonders in Grenzsituationen – sind sicherlich ein wesentlicher Grund dafür, daß es für die Feststellung des Todeszeitpunktes *keine gesetzlichen Bestimmungen* gibt, und daß die damit verbundene *Verantwortlichkeit* einzig und *allein dem Arzt* überlassen bleibt. Bei der Erfüllung dieser Aufgabe wäre es für den Arzt sehr wertvoll, den Todestermin wegen der möglichen therapeutischen Konsequenzen ex ante ermitteln zu können, was jedoch aus den angeführten Gründen nicht möglich ist. Der *Todeszeitpunkt* kann also auch unter den Bedingungen der Wiederbelebung wie im Regelfalle *nur ex post* festgelegt werden, d.h. nach *Ermessen des Arztes*. Von einer Willkür – wie sie den Ärzten in einigen Artikeln der allgemeinen Publizistik vorgeworfen wird – kann dabei wohl keine Rede sein. Die *Einhaltung strenger Sorgfalt* ist für den Arzt auch bei der Feststellung der Todeskriterien bindend. Auf das Erscheinen der sekundären Todeszeichen braucht er auch hierbei nicht zu warten.
Zweifel können für den Arzt auftreten, *welchen Zeitpunkt* er als Todeseintritt ansehen soll. Dieser Fragenkomplex wurde am 18.9.1968 in Nutley (USA) von der New Jersey Academy of Medicine anläßlich eines Symposiums mit dem Titel "The Moment of Death" unter Teilnahme von Medizinern und Juristen erörtert. Dabei legte *I. S. Wright* (1969) eindrucksvoll dar, daß die Feststellung des Todeszeitpunktes eine Entscheidung stets nur der behandelnden Ärzte bleiben müsse, "that individual decisions must never be relegated to national or even state committees." *Albano* hob dabei als Medical Examiner erneut die Überzeugung hervor: "Death is a gradual process and, biological speaking occurs by degrees."
Es zeigte sich auch auf dieser Tagung die *Unmöglichkeit,* den Todeszeitpunkt *exakt naturwissenschaftlich* festzulegen, wie es auch von anderen Autoren betont worden ist (*Beecher* 1968; *Biörck* 1967; *Gerlach* 1969a; *Gilder* 1967; *Kautzky* 1968a, b; *Masshoff* 1968; *Muller* 1967; *Tönnis u. Frowein* 1963; *H.-J. Wagner* 1969; *Wawersik* 1969b, c; *Wiemers* 1969).
Nach *Liebhardt u. Wuermeling* (1968), *Simpson* (1967) und *Spann* (1969) entspringt die Notwendigkeit einer möglichst exakten Festlegung des Todeszeitpunktes nicht so sehr einem biologischen, als vielmehr einem gesellschaftlichen Bedürfnis.

Um diesem Bedürfnis Rechnung zu tragen, kann es beispielsweise bei schweren Hirnverletzungen von großer Bedeutung sein, aus den Zeitpunkten

– des Unfalls mit klinischen Zeichen des Hirntodes am Unfallort und späterer Reanimationsmöglichkeit;
– des Ausfalls der Spontanatmung,
– des sicher nachgewiesenen Hirntodes,
– der Einstellung der Reanimationsmaßnahmen oder
– des letzten Herzschlages

eine Auswahl zu treffen.
Dieser Umstand, daß in Zweifelsfällen verschiedene Zeitmarken zur Festlegung des Todeszeitpunktes herangezogen werden können, kommt in den meisten nationalen Empfehlungen zum Ausdruck. Lediglich das Gremium der Schweizerischen Akademie der Medizinischen Wissenschaften trifft eine gewisse Vorentscheidung und sieht lediglich zwei Alternativen vor:

– beim primären irreversiblen Herz- und Kreislaufstillstand Wahl des Zeitpunktes des Auftretens von weiten und lichtstarren Pupillen;
– beim primär zerebralen Tod Wahl des Zeitpunktes des Auftretens aller Symptome des vollständigen irreversiblen zerebralen Funktionsausfalls

als Todeszeitpunkt.
In Anlehnung an die Ausführungen von *Beecher* (1968) auf dem Symposium "The Ethical Aspects of Experimentation on Human Subjects" der American Academy of Arts and Sciences (3./4.11.1967) und im Hinblick auf medizinische, juristische und soziale Gesichtspunkte erscheint mir der *Zeitpunkt entscheidend,* an dem der Arzt aufgrund seiner Untersuchungsbefunde die *sichere Überzeugung vom Hirntod* des Patienten gewinnt und bereit ist, ihn in diesem Augenblick für tot zu erklären und seine therapeutischen Maßnahmen einzustellen. Damit käme dieser – notwendigerweise aufgrund ärztlicher Diagnose jeweils festgelegte – Zeitpunkt auch dem bei der Erörterung des Sterbevorgangs erwähnten *Termin der Irreversibilität am nächsten.* Ferner würde die Wahl dieses Zeitpunktes auch dem ethischen Gesichtspunkt entsprechen, daß der Tod eintritt, "when life ceases to have any human value" (*Giertz* 1966). Dieser Vorschlag steht auch mit der in der „Erklärung von Sidney" (1968) dargelegten Meinung des Weltärztebundes in Einklang, daß ein *„technisches Verfahren"* die umfassende *Beurteilung durch einen Arzt oder durch ein Team von Ärzten nicht ersetzen kann.*"
Eine Rückdatierung des Todeszeitpunktes auf den Beginn der Schwebezeit als wahre Todeszeit, so wie es *Spann* (1968) und *Hanack* (1969a) vorschlugen, würde u.a. die Frage nach der Zuständigkeit für die nach diesem Zeitpunkt entstandenen Kosten aufwerfen. Auch könnte man dann evtl. gegen den Arzt Vorwürfe wegen seiner an der Leiche vorgenommenen Maßnahmen erheben. Retrospektiv würde dann auch jeweils festgestellt, daß ebenso die Unterbringung und pflegerische Betreuung an einem bereits Toten erfolgt wären.
Vom Strafrechtslehrer *Roxin* (persönliche Mitteilung 1969) wurde mehrfach betont, daß unter den Bedingungen der Wiederbelebung nach gesicherter Feststellung des Hirntodes die Verwendung des *Begriffes Leichnam* gerechtfertigt sei, auch wenn noch Restfunktionen in anderen Organen (z.B. Herz-Kreislauf) vorhanden seien. Ebenso stellte *Engisch* (1967) fest: „Juristisch muß auch der ‚Frischverstorbene' als ‚Leiche' angesprochen werden."

Gelegentlich geäußerte Zweifel an dieser Definition mit dem Argument, daß man doch eine „Leiche“ mit noch schlagendem Herzen nicht beerdigen könne, sind mit dem Hinweis auf die Tatsachen zu entkräften, daß auch in Regelfällen nach Feststellung des Todes eine Leiche vorliegt, obwohl die sekundären Todeszeichen noch nicht bestehen, eine Bestattung sowieso erst nach Ablauf von 48 Stunden erfolgen darf und auch dann noch nicht alle Sterbevorgänge abgeschlossen sind.

Von diesem vorgeschlagenen Todeszeitpunkt an würden alle weiteren Maßnahmen der *Wiederbelebung und Intensivtherapie erfolglos* bleiben (diese Todesdefinition wurde von den Gerichtsmedizinern *Laves u. Berg* [1965] angeführt), so daß ihre *Einstellung berechtigt* ist (Ad Hoc Committee Harvard Medical School 1968; *Beecher* 1968, 1969a; *Degenhard* 1967; Deutsche Gesellschaft für Chirurgie 1968; *Engisch* 1967; *Tönnis u. Frowein* 1963, 1969, 1970; *Hannack* 1969a, b, 1970; *Heinitz* 1970; *Hutschenreuter* 1969; *Kautzky* 1968a, 1969; *Ketz*, persönliche Mitteilung 1971; *Loew* 1969; *Mörl* 1965; *Pribilla* 1969, 1970; *Rittmeyer* 1970; *Röttgen* 1969; *Roxin* 1969; *Schönke-Schröder* 1969; *Thielicke* 1968a, b, 1970; *Wawersik* 1968, 1969 c, 1970; *Weissauer* 1969; *Wiemers* 1969).

Diese Voraussetzungen waren auch im folgenden Fall gegeben:

Beispiel 8: 14jähriges Mädchen

Schwerer Verkehrsunfall mit Frontalzusammenstoß am 30.11.1969. Bei Klinikaufnahme: tief bewußtlos, Schnappatmung, maximal weite und lichtstarre Pupillen, Tetraspastik, periphere Pulslosigkeit, Aspiration. Nach endotrachealer Intubation, künstlicher Sauerstoffbeatmung, Schockbekämpfung und Ausgleich der Azidose Besserung des Kreislaufs. Etwa ½ Stunde nach Aufnahme Verschwinden jeglicher spontaner Atembewegungen.

1.12.1969: Kreislauf- und Nierenfunktion normal. Erlöschen der Spastik. Keinerlei Reaktion auf äußere Reize. Blutgaswerte nach *Astrup* im Normbereich.
EEG: fragliche Hirnstromaktionspotentiale.
Karortisangiographie: zwei Serien im Abstand von einer Stunde: Kontrastmittelstop unterhalb der Schädelbasis.

2.12.1969: Aufgrund der Anamnese, der Aufnahme-, Verlaufs- und Abschlußbefunde wurde nach Überzeugung der behandelnden Chirurgen und Neurochirurgen der Hirntod als gesichert angesehen. Einstellung der Therapie. 15 min später letzte Herzaktion.

Obduktion: Auszug: Blutungen an den weichen Hirnhäuten im Frontal- und Okzipitalbereich. Subdurales Hämatom auf der rechten Schädelseite. Weiches Hirngewebe mit klebriger Schnittfläche und zahlreichen, nur wenig zerfließlichen und nicht wegwischbaren flohstichartigen Blutpunkten bei gleichzeitig allseits erweiterten Hirnkammern. Rindenprellungsblutungen frontal und okzipital. Im Markbereich des Stammhirngebietes neben vielfältigen punktförmigen auch bis zu linsengroße Blutungen.

Wenn aber die *Juristen dem Arzt* die Entscheidung hinsichtlich der *Feststellung des Todes überlassen,* so bedeutet dies keineswegs die Entbindung des Arztes von allen in der Rechtsordnung festgelegten Pflichten. Es soll daher trotz aller begrenzten Voraussetzungen und Legitimation der Versuch unternommen werden, die wichtigsten der für das ärztliche Verhalten in der Grenzphase zwischen Leben und Tod in Frage kommenden juristischen Gesichtspunkte aufzuzeigen. Dabei soll vorausgeschickt werden, daß *nur die Meinungen der Rechtslehre* – und nicht der Rechtssprechung – *berücksichtigt* werden können. Es sind ohnehin keine Urteile von deutschen Gerichten zu dieser Problematik bekannt (*H.-J. Wagner,* persönliche Mitteilung 1972).

Juristische Gesichtspunkte

Durch die Vielschichtigkeit des Arzt-Patient-Verhältnisses und die besondere öffentlich-rechtliche Stellung des Mediziners in der Gesellschaft hat schon immer die Notwendigkeit bestanden, das Verhalten des Arztes in den Zuständigkeitsbereich der Jurisprudenz einzubeziehen und in einen gesetzlichen Rahmen einzuordnen. „Der Arzt steht nicht etwa außerhalb oder gar über der allgemeinverbindlichen Rechtsordnung" (*Ehrhardt* 1966). Infolge der bereits dargelegten neuen Erkenntnisse und bedeutend erweiterten Möglichkeiten der modernen Heilkunde hat aber auch das *Verhältnis der Jurisprudenz und der Medizin zueinander einen erheblichen Wandel erfahren,* zumal Grenzbereiche menschlicher Existenz überhaupt berührt werden.

Mit der Machtzunahme des Arztes ist für ihn auch die Gefahr gewachsen, einen unrechtmäßigen Weg einzuschlagen und sich damit möglicherweise Verfehlungen und Vergehen schuldig zu machen. Dem *Recht* kommt daher eine besondere Überwachungs- und Steuerungsfunktion zu, die sich auf den Schutz des Patienten und des Arztes wie auch der Gesellschaft insgesamt erstreckt. Ihm obliegt es, ein *Mindestmaß an ethischem Verhalten in der Gemeinschaft zu sichern* und das Humane über allen Wandel der Zeiten hinweg zu wahren.

Der *Grenzbereich zwischen Leben und Tod* bildet dabei *keine Ausnahme,* im Gegenteil. Der Arzt hat vielmehr auch auf diesem Gebiet sein Verhalten mit den entsprechenden rechtlichen Prinzipien und Bestimmungen in Einklang zu bringen. Dieses Erfordernis hat jeder Arzt schon aus der Tatsache abzuleiten, daß mit der Entwicklung der Medizin in den letzten Jahrzehnten auch die *Ansprüche der Öffentlichkeit* an ihn *gestiegen* sind. Vielfach wird das Mißtrauen gegen die Medizin als Maßstab der Zivilisationshöhe gewertet. Manche Patienten betrachten heutzutage die Heilkunde als ein „Dienstleistungsgewerbe" und begeben sich in ärztliche Behandlung in der für sie selbstverständlichen Erwartung, erfolgreich versorgt und damit geheilt zu werden. Der in der Presse *oft übertrieben dargestellte medizinische Fortschritt,* wobei manche Vertreter unseres Faches leider nicht unbeteiligt sind, und die daraus resultierende Fortschrittsgläubigkeit veranlassen den Laien mehr und mehr, die Ursache für ein Ausbleiben des gewünschten Behandlungserfolges „nicht primär in unabwendbaren schicksalhaften Gegebenheiten, sondern in einem Versagen des behandelnden Arztes zu suchen" (*Weissauer* 1969).

So konnte *Thélin* (1970) aus gerichtsmedizinischer Sicht feststellen: „Wir leben nicht mehr in einer Zeit, in der die Beziehung zwischen Arzt und Patient hauptsächlich durch die Pflichten des Arztes gegenüber dem Kranken charakterisiert waren, sondern in einer Epoche, in der der Patient Rechte gegenüber der Medizin geltend macht."

Aus der in früheren Zeitaltern üblichen Haltung des Kranken mit der Bitte um ärztliche Hilfe ist eine *verlangende und sogar fordernde Einstellung* an die medizinische Wissenschaft und an die Ärzteschaft geworden. Derartige Rechtsansprüche haben in einigen Ländern bereits zu einem *„Prozeßunwesen"* geführt. Aus dieser Entwicklung ergeben sich aber für den Patienten insofern Nachteile, als sich beispielsweise Operateure und Anästhesisten immer mehr von der Durchführung von operativen Eingriffen und Narkosen distanzieren, um sich keinem zu großen Risiko auszusetzen. Daraus ergibt sich die unerfreuliche Zeiterscheinung, daß sich Ärzte weniger um Hilfe für den Patienten bemühen, sondern vielmehr um die *Beschaffung vorsorglicher Entlastungsgründe.* Ihr Handeln wird dann mehr von der Absicherung gegenüber möglichen juristischen Konsequenzen als von ihrem Gewissen bestimmt. Darauf hat *Nissen* bereits 1964 in seinem eindrucksvollen Bericht „Chirurgisches Dilemma“ hingewiesen.

Ausdruck dieser Entwicklung ist die *Zunahme der sogenannten Kunstfehlerprozesse,* deren Zahl 1959 in den USA nach *Schweisheimer* (zit. bei *Weissauer* 1969) 6 000 und nach *Jung* (1970) sogar 10 000 betragen haben soll. In einzelnen amerikanischen Bundesstaaten wurde 1968 gegenüber dem Vorjahr eine Zunahme um 100% registriert (wie *Dormann* [USA] auf der XXIII. Generalversammlung des Weltärztebundes im Juli 1969 in Paris berichtete).

Auch die in Deutschland *wachsenden Haftpflichtansprüche* müssen als ein Zeichen für diese Entwicklung angesehen werden (*Ridder* 1970). Die Kenntnis dieser negativen Entwicklung und ihre Bedeutung auch für den Anästhesisten veranlaßte *Foldes* (1970), den früheren Präsidenten des Weltbundes der Anästhesie-Gesellschaften, auf der Internationalen Fortbildungstagung für Anästhesie in Homburg/Saar im Herbst 1970 zu dem Bekenntnis: „Ich persönlich lehne es ab, unser Fach mit dem Blick eines Auges auf den Gerichtshof auszuüben.“

Es ist zunächst sehr auffällig, daß sowohl im deutschen wie auch im überschaubaren Recht des Auslandes bisher *keine Definition des Todes und keine Festlegung des Todeszeitpunktes und der Todeskriterien* vorgenommen oder nur kleine Teilbereiche dieses Problemkreises geregelt worden sind (*Lord Balniel* 1968; *Bockelmann* 1968a; *Degenhard* 1967; *Fletcher* 1968; *Geilen* 1968; *Hanack* 1970; *Kohlhaas* 1967a; *Lomas* 1970; *Pribilla* 1968; *Schönig* 1968; *Siegrist* 1969; *Voigt* 1967).

Die *Beendigung der Rechtsfähigkeit* eines Menschen durch den Tod ist – im Gegensatz zum Beginn menschlichen Lebens mit Beendigung der Geburt (§ 1 BGB) – *nicht festgelegt.* Diese Sachlage mag vielen von uns unbefriedigend erscheinen. Rückblickend müssen wir jedoch zugeben, daß vor Einführung moderner Reanimations- und Intensivtherapiemethoden der Gesetzgeber keine Veranlassung gehabt hat, sich mit diesen Fragen auseinanderzusetzen. Jahrhunderte hindurch hatte unumschränkt gelten können, daß der Stillstand von Kreislauf und Atmung den Tod bedeutete. In Grenzfällen ist aber weder das Aufhören der Atemtätigkeit noch ein Stillstand des Kreislaufes mit einer Beendigung der Rechtsfähigkeit des Menschen gleichzusetzen. Ob allerdings der Gesetzgeber mit Rücksicht auf solche Grenzfälle *Gesetzesänderungen* anstreben und vornehmen soll, wird sogar von führenden Juristen für *äußerst fragwürdig* gehalten. Nach Ansicht des ehemaligen Bundesanwalts *Kohlhaas* (1967a, b) muß der Gesetzgeber die in dem *Grenzbereich* zwischen Leben und Tod zu treffenden Feststellungen *ausschließlich dem Arzt überlassen.* Mit dieser Ansicht geht auch die Meinung des Gerichtsmediziners *Voigt* (1967) konform: “No legal rules concerning the criteria of death can be established.” Ähnlich äußerten sich auch *Schwerd* (1969) und *Hanack* (1970), nach deren Ansicht der Jurist dabei *Gefahr* laufen könne, *dem medizinischen Fortschritt Grenzen zu setzen.*

Der frühere deutsche Justizminister *Heinemann* (1968) riet ebenfalls zu abwartender Haltung und nichts zu überstürzen. Auch der Raum der Entscheidungsfreiheit des Arztes erscheint bei einer gesetzlichen Regelung gefährdet (*Pribilla* 1968). Primär handelt es sich um *Fragen* mit der Notwendigkeit *einer ärztlichen Entscheidung,* aus der sich freilich später rechtliche Fragen ergeben können.

Auch die Bestimmungen des Bestattungs- und Leichenschaurechts enthalten keine Angaben über die Festlegung des Todeszeitpunktes, da sie nur eine Beerdigung vor dem Auftreten der sekundären, absolut sicheren Todesmerkmale verhindern sollen.
In *strafrechtlicher* wie auch in *zivilrechtlicher* (z.B. Erbrechts-, Versicherungs- und Verwaltungsfragen) *Hinsicht* kann jedoch die Bestimmung des Todes und des Todeszeitpunktes von sehr großer Bedeutung sein und den *Mediziner vor beträchtliche Schwierigkeiten* stellen.
Obwohl Juristen die Situationen und Konflikte des Arztes nicht aus eigenem Erleben erfassen und beurteilen können, müssen die von führenden Vertretern der Rechtswissenschaft geäußerten zurückhaltenden Meinungen von seiten der Medizin sehr begrüßt und unterstützt werden. Zu eng gefaßte Rechtsbestimmungen würden nämlich die Ärzte nur dazu verleiten, bei kritischen und risikoreichen Entscheidungsnotwendigkeiten den Weg mit der geringsten Haftungsgefahr zu wählen.
Nur *Schönig* (1968) hält eine juristische Festsetzung des Todeszeitpunktes für erforderlich, um in Sonderheit bei der Durchführung von Organtransplantationen den Arzt vor dem Vorwurf eines Tötungsdeliktes zu schützen. In *Grenzfällen* solle der Arzt den Tod als zu dem Zeitpunkt eingetreten betrachten, „wo er der Überzeugung ist, daß ein selbständiges, d.h. *von Wiederbelebungsgeräten unabhängiges Leben nicht mehr wiederhergestellt werden kann.*"
Indessen hat sich offenbar die *Mehrzahl der führenden Juristen – und auch Rechtsmediziner* – einhellig der heutigen Erkenntnis der Medizin angeschlossen. Diese lautet: Conditio sine qua non für das menschliche Leben ist das Vorhandensein der spezifisch höheren Funktionen des Gehirns, und *das Ende eines menschlichen Lebens ist durch den Gehirntod festgelegt (Bockelmann* 1968a; *Geilen* 1968; *Hanack* 1969a, b; *Heinitz* 1970; *Hinderling* 1968; *Kohlhaas* 1969; *Moore* 1966; *Roxin* 1969; *Schwalm* 1969; *Spann* 1966; *Voigt* 1967): Wenn „das Gehirn unheilbar zerstört ist, dann, frühestens dann und spätestens dann, ist der Tod da, und er ist selbst dann da, wenn in der leiblichen Hülle des Verstorbenen das Herz noch schlägt" (*Bockelmann* 1968a).
Die *Hirnfunktionen* sind also auch nach Ansicht der heutigen Rechtslehre die Voraussetzung für die Annahme menschlichen Lebens und das Hauptcharakteristikum einer *„Person"*. Nur in der „Person" kann die Rechtsordnung einen lebenden Menschen erkennen und ihm die mit der Menschenwürde verknüpften Rechte zuerkennen. Wichtig erscheint in diesem Zusammenhang, daß *auch der Geisteskranke* eine „Person" ist, denn auch er *besitzt ein geistiges Leben.*
Auch für die *Festlegung des Todeszeitpunktes* ist nach *Bockelmann* (1968a) der *Eintritt des Hirntodes maßgebend:* „Der Zeitpunkt, in dem die Gehirnfunktion erlischt, ist der Zeitpunkt des Todes." In diesem Zusammenhang wird auch von *Bockelmann* der Grundsatz des Strafrechts hervorgehoben, sich nach den Erkenntnissen der Medizin zu orientieren.

Hilfeleistungspflicht im Bereich des Todes

Die rechtlichen Pflichten des Arztes dem Patienten gegenüber enden mit dessen Tode: „Der Schutz des menschlichen Lebens . . . endet mit dem Abschluß des Lebensprozesses" (*Maurach* 1964). Daher kommt der Festlegung des Todeszeitpunktes auch von diesem Gesichtspunkt her große Bedeutung zu. Die dem Arzt dabei zufallende Verantwortung ergibt sich nicht nur aus der ihm von Juristen zugebilligten prinzipiellen Zuständigkeit, sondern auch aus der Tatsache, daß sie von

ihm nicht in allen Fällen die komplizierte klinische Feststellung des Hirntodes verlangen, sondern für die Alltagspraxis die Gültigkeit der bisherigen Todeskriterien anerkennen (*Hanack* 1969a, b).
Unter den Bedingungen der *Reanimation und Intensivtherapie* muß der Arzt ein *Höchstmaß an Sorgfalt* walten lassen und deshalb mit den neuesten Erkenntnissen der Medizin auf diesen Gebieten vertraut sein. Nur dann wird er dem möglichen Vorwurf entgehen können, als Todeszeitpunkt einen vorzeitigen Termin gewählt zu haben, um dem Patienten nicht mehr verpflichtet zu sein und um seine Bemühungen einstellen zu dürfen. Keinesfalls darf er Überlegungen folgen, die Franz Moor mit den Worten wiedergegeben hat: „Der Arzt macht mir so lange" (*Schiller:* Die Räuber II,1). Die ärztliche Sorgfalt hat sich stets an den *individuellen Besonderheiten zu orientieren,* weil die Rechtsordnung vom Arzt grundsätzlich *nicht die übliche, sondern die jeweils erforderliche Sorgfalt* verlangt.
Grundlage für die in der Rechtsordnung enthaltenen ärztlichen Verpflichtungen bildet die *„Berufsordnung für die deutschen Ärzte".* Letztere sieht in der „Erhaltung und Wiederherstellung der Gesundheit" das oberste Gebot der ärztlichen Tätigkeit. Sie bringt aber auch klar zum Ausdruck, daß es Aufgabe der Ärzte sei, *nicht nur „das Leben zu erhalten, die Gesundheit zu schützen und wiederherzustellen", sondern auch „Leiden zu mildern."*

Unterlassene Hilfeleistung

Vernachlässigt der Arzt seine Pflichten, setzt er sich, allgemein ausgedrückt, dem *Vorwurf der unterlassenen Hilfeleistung* (§ 330 c StGB) aus. Andererseits darf er jedoch keinen eigenmächtigen Heileingriff vornehmen, und er muß deshalb die Willensübereinstimmung zwischen ihm und dem Patienten beachten. Liegt eine akute Gefährdungslage mit gleichzeitiger Einschränkung oder Aufhebung des Bewußtseins vor, ist das objektive Interesse des Patienten als sein *mutmaßlicher Wille* zugrunde zu legen. Falls dabei Anhalt für eine Ablehnung der indizierten Behandlung durch den Patienten gegeben ist, muß der Arzt dennoch die Verletzung seiner Pflichten nach § 330 c StGB zu vermeiden suchen. Eine solche Situation könnte z.B. dann eintreten, wenn jemand vor einem Selbstmordversuch die ausdrückliche Ablehnung jeglicher Wiederbelebungsversuche schriftlich festgelegt hat. Unter Umständen kann sich dann – auch nach den Bestimmungen des Alternativentwurfs eines Strafgesetzbuches – ein schmaler Pfad zwischen eigenmächtiger Heilbehandlung und unterlassener Hilfeleistung ergeben (*E. Müller* 1971).
Auf diesem *schmalen Pfad* bewegen wir Ärzte uns insbesondere *im Rahmen der Wiederbelebung und Intensivbehandlung,* weil dabei die Patienten unmittelbar vom Tode bedroht sind. Zu den Situationen, bei denen wir eine ärztliche Hilfeleistung nicht unterlassen dürfen, gehört auch jede Verschlimmerung einer Krankheit und jeder Zustand höchster Lebensgefahr, die im § 330 c StGB als „gemeine Gefahr oder Not" bzw. „Unglücksfall" bezeichnet werden.
Bei der Behandlungsübernahme in einem Krankenhaus kommt es zur Garantenstellung des übernehmenden Arztes (unechte Unterlassungsdelikte), so daß grundsätzlich eine Rechtspflicht zum Handeln besteht (*Weissauer* 1969). Grundsätzlich muß jeder Arzt, soweit die medizinische Indikation gegeben ist, „die Hilfe leisten, zu der ihn sein ärztliches Können befähigt" (*Bockelmann* 1968a), „also mehr tun als ein Nichtarzt, soweit solches möglich ist" (*Kohlhaas* 1969). Jeder Arzt „muß

qualifizierte Hilfe leisten" (*Spann* 1969), obwohl es unter dem Gesichtspunkt der *allgemeinen* Hilfeleistungspflicht keinen besonderen Straftatbestand für die *ärztliche* Hilfeleistung gibt (*Schwalm* 1968).
Allerdings geht der Gesetzgeber von der Vorstellung aus, daß ein *Spezialist* (Facharzt) bei Notfällen in seinem Fachgebiet *zu besonderer Hilfeleistung* befähigt und auch *verpflichtet* ist. Diese Verpflichtung bedeutet für den Anästhesisten aufgrund seiner gewissen Monopolstellung im Rahmen der Reanimation, sich der Durchführung von Wiederbelebungsmaßnahmen bei entsprechender medizinischer Indikation mit besonderer Intensität anzunehmen. *Zur ärztlichen Hilfeleistung* sollte man sich *auch in Zweifelsfällen entschließen,* da nach Ansicht von *Bockelmann* (1968a) „der Mensch lebt, solange er stirbt."
Bei der zunehmenden Aufklärung der Ärzte und auch der Laienhelfer über die Grundlagen und die Technik moderner Wiederbelebungsmaßnahmen vermutet *H.-J. Wagner* (1969), daß der Arzt „bei unterlassener Reanimation in Zukunft immer häufiger mit einer rechtlichen Überprüfung rechnen muß, wenn man die fortschreitende Aufklärung des nicht medizinisch geschulten Teils der Bevölkerung durch zum Teil wenig objektive Schilderungen über Grenzen und Möglichkeiten der Wiederbelebung bei klinisch Toten berücksichtigt." Folgt auf eine unterlassene Hilfeleistung sogar der Tod des Patienten, kann der *Vorwurf der fahrlässigen oder gar vorsätzlichen Tötung* (§§ 211 ff. StGB) erhoben werden.
Nach den gültigen Rechtsbestimmungen entfällt die Pflicht zur Hilfeleistung, wenn sie nicht mehr möglich und erforderlich ist, also vor allem, wenn bereits der Tod eingetreten ist.
Bei der *zeitlichen Dringlichkeit von Wiederbelebungsverfahren* und bei der Beurteilung des ärztlichen Tuns und Unterlassens vom Strafrecht her wäre jedoch die Feststellung des Todes ex ante erforderlich, also zu einem Zeitpunkt, an dem auf Anhieb nicht gesagt werden kann, ob der Tod bereits eingetreten ist. Wenn man bedenkt, daß auch nach Ansicht der führenden Juristen der Tod meist als Vorgang des Sterbens aufzufassen ist, kann *Bockelmanns* Ansicht *„der Mensch lebt, solange er stirbt", nicht mehr uneingeschränkte Gültigkeit* haben. Auch *nach Eintritt der Irreversibilität* laufen doch *noch Sterbevorgänge* ab, schließlich bis zum Absterben der letzten Körperzelle. Keinesfalls kann jedoch – schon im Hinblick auf die hochgradige Autolyse – der Todeszeitpunkt auf das Absterben der letzten Körperzelle gelegt werden (*Spann* 1969). Der Sterbevorgang kann sich demnach nach juristischer Definition nur bis zum Todeszeitpunkt erstrecken, den der Arzt feststellen muß.

Verzicht auf Maßnahmen der Wiederbelebung und Intensivtherapie

Die rechtlich festgelegten *Pflichten des Arztes,* die sich also *auch noch auf den Sterbevorgang erstrecken,* haben wiederholt Veranlassung gegeben, aus ihnen die grundsätzliche Forderung nach der Erhaltung des Lebens um jeden Preis abzuleiten und die Einhaltung dieser Forderung auch auf medizinisch aussichtslose Situationen auszudehnen. Im Hinblick auf die heutigen medizinischen Möglichkeiten und die Konsequenzen ihrer vollständigen Ausschöpfung ergeben sich jedoch erhebliche Zweifel an der Haltbarkeit jener Forderung. Auch von mehreren juristischen Autoren sind die gleichen Bedenken geäußert worden (*Hanack* 1969a, b, 1970; *Heinitz* 1970; *Hinderling* 1971; *Kohlhaas* 1968b). Nach *Bockelmann* (1968a) ist schon an sich die *Hilfeleistungspflicht nicht identisch mit der Erfolgsabwendungspflicht.* Damit erhebt sich

die *Frage, ob auch nach dem Zeitpunkt der Irreversibilität,* d.h. während des Sterbevorgangs, aber noch vor dem vom Arzt später festzustellenden Todeszeitpunkt, *das gesamte diagnostische und therapeutische Rüstzeug der Medizin eingesetzt werden muß.* Es könnte dann wohl das Leben noch verlängert, jedoch auf die Dauer nicht mehr aufrechterhalten werden. Es würde sich also nur um eine *künstliche Verlängerung des irreversiblen Sterbevorgangs* handeln.
Die strengste juristische Forderung ist noch in jüngster Zeit von *Bockelmann* (1968a) erhoben worden. Seiner Meinung nach bestehe im Grundsatz zwischen Ärzten und Juristen Einigkeit, daß „der Arzt das Äußerste, was ihm seine Mittel erlauben", zur Erhaltung des Lebens seines Patienten auch dann tun müsse, „wenn er mit Sicherheit nicht imstande ist, es auf die Dauer zu bewahren." Dem Arzt sei die Gabe analeptischer Mittel „ebenso unerbittlich geboten, wie ihm die Anwendung der tödlichen Injektion verboten ist." Offensichtlich bezieht er sich damit aber nur auf Fälle, bei denen noch Wahrscheinlichkeit auf Abwendung des tödlichen Ausgangs besteht.
Unzweifelhaft exisitiert jedoch *auch für alle heutigen Situationen die Hilfeleistungspflicht,* „sobald und solange man sich um den Kranken bemühen kann, wenn auch ohne Aussicht auf Erfolg." Nach *Bockelmann* geht es nicht an, „Unterschiede nach Maßgabe differenzierter Sachgestaltungen zu machen, etwa danach, ob die Lebensverlängerung ‚sinnvoll' ist."
Verletzt der Arzt nach Behandlungsübernahme die ihm aufgrund der Garantenstellung gegenüber dem Patienten obliegenden Pflichten vorsätzlich oder fahrlässig, kann er je nach Ausgang wegen Tötung oder Körperverletzung (§§ 211 ff. StGB) infolge Unterlassung strafbar sein (*Bockelmann* 1968a; *E. Schmidt* 1957; *Schwalm* 1968; *Spann* 1966).
Eine Erfolgsabwendungspflicht besteht nicht, wenn z.B. der Tod des Kranken oder des Verletzten unaufhaltsam ist (*Bockelmann* 1968a), „wenn schon ex ante die Unmöglichkeit rechtzeitiger Hilfeleistung eindeutig ist" (*Schwalm* 1968). In Anlehnung an die heutige medizinische und juristische Auffassung des Todes als Sterbevorgang kann gefolgert werden, daß bei unaufhaltsamem Sterben des Patienten zwar *die Hilfeleistungspflicht des Arztes fortbesteht, jedoch nicht die Verpflichtung zur Anwendung aller heutigen Möglichkeiten,* die dann ohnehin nur zu einer *Verlängerung des unaufhaltsamen Sterbens* führen würden.
Auch *Schönke u. Schröder* (1969) verneinen eine Rechtspflicht des Arztes, das bereits verlöschende qualvolle Leben eines Kranken durch Anwendung besonderer Stimulantien künstlich zu verlängern. Nach *Simson* (1964) gibt es einige Strafrechtler, die diese Frage dahingestellt lassen, aber keiner habe erklärt, daß eine derartige Unterlassung den Straftatbestand einer Tötung erfülle.
In diesem Zusammenhang sind die *Feststellungen von E. Schmidt* (1957) von besonderer Bedeutung: „Gewiß ist Lebenserhaltung des Arztes vornehmste Pflicht. Kann er aber ein Leben nur unter Qualen erhalten, besteht keine Aussicht, mit der Lebensverlängerung einen einigermaßen erträglichen Zustand zu schaffen, wird der Kranke nur gehindert, zu der ihm gesetzten Zeit zu sterben, bleibt er der dem Tode unter körperlichen und seelischen Nöten Verfallene, dann verliert die Maßnahme der Lebensverlängerung ihren ärztlichen Sinn; sie ist dann nur medizinische Technik und wird zu einem Eingreifen in das Schicksal, was ethisch nicht zu verantworten ist, weil es kein ärztliches Helfen mehr darstellt." Werden in solchen Fällen, bei denen also die Rechtspflicht zur Abwendung des Todes entfällt, lebensverlängernde Maßnahmen unterlassen, so komme eine strafrechtliche Haftung nicht in Frage. Im

Gegensatz zu *Bockelmann gesteht also E. Schmidt dem Arzt durchaus das Recht zu, über den Sinn einer medizinisch-technisch möglichen Maßnahme nachzudenken.* Im gleichen Sinne haben sich *Degenhard* (1967), *Fletcher* (1968), *Merz* (1957), *Pribilla* (1969), *Schönig* (1968) geäußert.

Maurach (1964) will die Tatbestandsmäßigkeit der Unterlassung nur dann bejaht wissen, wenn der Patient oder dessen Angehörige vom Arzt die Anwendung aller lebensverlängernden Mittel verlangen und dieser davon absieht. „In allen anderen Fällen wird man dem Arzt die Rechtspflicht der im Wettlauf mit dem Tode sinnlos gewordenen Lebensverlängerung nicht aufbürden können." Auch dieser Autor billigt so dem Arzt das Recht zu, den Sinn seiner Maßnahmen zu erwägen.

Aus der Schweiz hat *Hinderling* (1971) seiner Überzeugung Ausdruck verliehen, daß es Fälle gebe, „wo der Arzt nicht verpflichtet ist, aktiv tätig zu werden, bloß um das Leben sinnlos zu verlängern."

Ausnahmen von der Verpflichtung zur Durchführung lebensverlängernder Maßnahmen sieht *Weissauer* (1969), der sich eingehend mit den veränderten Situationen in der heutigen Medizin befaßt hat, dann für gegeben, „wenn es für den Patienten qualvoll ist, sein Leben mit dem Respirator fortzusetzen oder wenn er bewußtlos ist und auch trotz Beatmung bewußtlos bleiben wird." Hierbei wäre an den wesentlichen Unterschied zwischen einer Beatmung bei Kranken mit günstiger Prognose, z.B. bei Poliomyelitis- oder Tetanuspatienten, und bei Patienten mit infauster Prognose, z.B. Schädel-Hirn-Traumen oder hohen Querschnittslähmungen mit irreversibler Schädigung des Atemzentrums, zu denken.

Auch *Kohlhaas* (1969) rückt bei der Entscheidung über eine Behandlung im Falle einer nicht mehr abwendbaren Todesfolge die Frage nach dem Sinn des ärztlichen Handelns in den Vordergrund: „Hier verliert die Maßnahme der Lebensverlängerung ihren eigentlichen medizinischen Sinn, sie ist in Wahrheit kein ärztliches Helfen mehr, sondern ein sinnloses Eingreifen in ein unabwendbares Schicksal."

Noch eindeutiger und im Hinblick auf die heutige Situation in der Medizin klarer hat der *Strafrechtler Geilen* (1968) diesen Standpunkt formuliert: „Der Arzt darf zwar nicht in einem positiven Sinn an den Patienten ‚Hand anlegen'; er ist aber umgekehrt nicht verpflichtet, bis zur Sinnlosigkeit alles in seinen Kräften Stehende zur Lebensverlängerung zu tun. Nicht alles, was medizinisch machbar ist, ist standesethisch erlaubt, geschweige denn juristisch erforderlich." Nach *Hanack* (1969b) ist diese Auffassung *Geilens* überwiegend auf Skepsis gestoßen, doch hätten sich die Verfasser des Alternativentwurfs eines Strafgesetzbuches, 16 deutsche und schweizerische Strafrechtslehrer, in ihren Vorschlägen zum Arztrecht in der Mehrheit seiner Meinung angeschlossen. Zumindest entspricht es *Hanack* zufolge „der herrschenden juristischen Ansicht, daß der Arzt nicht verpflichtet ist, qualvoll verlöschendes Leben stets zu verlängern."

So kann zwar der Eindruck entstehen, daß *Bockelmanns* erwähnte Forderung nach Aufbietung „des Äußersten" zur Lebenserhaltung in erheblichem Widerspruch zu den zitierten Auffassungen anderer Juristen steht, doch hat auch er – am Ende der von ihm dargestellten Grundzüge des ärztlichen Strafrechts (1968a) – Einschränkungen angeführt: „Nun scheinen die Dinge freilich ein anderes Gesicht zu bekommen, wenn es nicht um Jahre, sondern nur um Tage oder gar um Stunden oder Minuten geht und wenn überdies das Leben in der kurzen Spanne Zeit, für die es sich noch erhalten läßt, nur ein klägliches, trostloses Leben sein kann, vielleicht nur ein Dahindämmern in dumpfer Bewußtlosigkeit." Er gibt außerdem zu, daß in der juristischen Literatur die Ansicht überwiege, daß bei solcher Sachlage der Arzt von der Pflicht

zur weiteren Lebenserhaltung frei werde, und vermutet, daß viele Ärzte diese Meinung teilen.
Nach dem im 16. Abschnitt („Verbrechen und Vergehen wider das Leben") des StGB festgelegten Recht ist es unerheblich, „ob der Patient ein unrettbarer Moribundus war oder nicht. Es genügt dabei für den Nachweis der Kausalität, daß der Todeseintritt in einer irgendwie nach Art und Zeitpunkt faßbaren Weise durch den Eingriff bzw. das Verhalten des Arztes beeinflußt wurde" (*Pribilla* 1968). Diese Grundsätze gelten auch für alle Maßnahmen der Wiederbelebung und Intensivtherapie, die unter Umständen – vor allem in fehlunterrichteten oder irregeführten Laienkreisen – in den Verdacht geraten können, die eigentliche Todesursache gewesen zu sein. Dieselben Grundsätze müssen aber erst recht beachtet werden und bedingen ein großes Dilemma, wenn die *Frage des Abbruches einer laufenden Therapie* erwogen wird. *Kohlhaas* (1967a) hat zugegeben, daß es sich dabei um die *für den Kliniker wichtigste und schwierigste Frage* handelt.
Um allen Zweifeln an der Richtigkeit seiner Handlungsweise vorzubeugen, wird dem Arzt von seiten der Juristen angeraten, *mindestens einen Fachkollegen zur Kontrolle heranzuziehen,* ob der Abbruch der Therapie auch wirklich „ultima ratio" (*Hanack* 1969a) ist.
Keineswegs einheitlich sind dagegen die Meinungen der Juristen zu der Frage, ob die Wiederbelebungsmaßnahmen auch eingestellt werden dürfen, wenn durch sie der Hirntod noch hinausgeschoben wird und sich daher dieser bei ihrer Fortführung nicht beweisen läßt, das Gehirn aber eine irreversible Schädigung erlitten hat und dem Patienten das Bewußtsein nicht zurückgegeben werden kann.
Bei allen Diskussionen um Fragen der künstlichen Verlängerung eines Lebens oder Einstellung dieser Maßnahmen spielt die *Unterscheidung zwischen Tun und Unterlassen* des Arztes eine große Rolle (*Fletcher* 1968; *Hanack* 1970). Die intravenöse Injektion eines Giftes oder von Luft ist zweifellos eine aktive Tötungshandlung, ein Verursachen des Todes. Das Unterlassen einer Hilfeleistung durch einen Arzt, der an einem Verkehrsunfall vorüberfährt, ist nach Ansicht *Fletchers* jedoch keine Verursachung des Schadens, der ja bereits eingetreten ist, obwohl man sein Vorüberfahren zu tadeln hat und er wegen Verletzung der allgemeinen Hilfeleistungspflicht (§ 330 c StGB) angeklagt werden kann.
Auch *Bockelmann* (1968a, b) mißt dem Handeln und Unterlassen unterschiedliche Bedeutung zu. Nur daraus könnte man folgern, „daß die Todesabwendungspflicht entfalle, sofern das Leben, das zu fristen wäre, unaufhaltsam zur Neige geht und sofern sein schaler Rest nicht mehr lebenswert ist."
Die Zuverlässigkeit der Unterscheidung zwischen Tun und Unterlassen ergibt sich aus der bereits dargelegten Überzeugung führender Juristen, daß der *Arzt nicht verpflichtet* sei, das *Leben* des Patienten *bis zum Äußersten zu erhalten.*
Auch auf dem *35. Deutschen Anwaltstag* im Mai 1969 in Aachen „war man sich einig, daß es eben Fälle gibt, die für den Arzt das Sterbenlassen unvermeidbar machen" (*Kühnert* 1969).
Nach *Geilen* (1968) ist das *Abschalten des Respirators in sicher aussichtslosen Fällen* zwar dem äußeren Erscheinungsbilde nach eine aktive Handlung, sei aber dem Sinn nach als Unterlassen zu werten. Der Entschluß, von einer an sich möglichen Therapie Abstand zu nehmen, werde immer größere Gültigkeit erhalten und häufiger zu treffen sein, „je größer in einem rein technischen Sinn die medizinischen Möglichkeiten werden, je fragwürdiger die medizinische Machbarkeit wird." Die Unterlassung bzw. der Abbruch einer sinnlosen Therapie sei „geradezu das Gegenkorrektiv zu einem sonst zum Rechtszwang werdenden prometheischen Frevel."

Hanack (1969b) unterstützt diese Ansichten *Geilens* mit aller Entschiedenheit, auch in der Bewertung der Abschaltung eines Respirators als ein Unterlassen. Das Gerät ersetzt tatsächlich nur die manuellen Handlungen des Arztes in Form des Ausdrükkens des Atembeutels. Wenn man sogar eine spitzfindige Deutung der Respiratortätigkeit vornehmen will, dann liegt keine kontinuierliche, sondern nur eine rhythmische Handlung vor, da bei vielen Gerätetypen nach jedem Atemzyklus eine exspiratorische Pause eingeschaltet ist.
Nach eingehender Abwägung der verschiedenen Aspekte in dieser vielschichtigen Problematik und ausgehend von der Überzeugung, daß in einigen Fällen der Arzt mit der Verlängerung des Lebens nicht zum Wohle des Patienten beitrage, kommt *E. G. Moore* (1966) zu dem vorsichtig ausgesprochenen Vorschlag, "that the doctor's duty is not to keep his patient alive, but to do his best for him within the limits permitted by the Law, and if death is better than an existence apparently without any capacity for consciousness, then, though the Law does not permit a direct act of killing, it may be that it does permit the withholding of the means necessary to keep the patient alive . . . ", („. . . daß es nicht die Pflicht des Arztes ist, seinen Patienten am Leben zu erhalten, sondern innerhalb der vom Recht erlaubten Grenzen für ihn das Beste zu tun, und wenn der Tod besser ist als ein Existieren mit augenscheinlicher Unfähigkeit zum Bewußtsein, dann gestattet das Recht, obwohl es keine direkte Tötungshandlung zuläßt, vielleicht doch den Verzicht auf Mittel, die nötig sind, um den Patienten am Leben zu erhalten . . . "). Dabei glaubt er auch keinen Unterschied zwischen der Einstellung der Ernährung, der Antibiotikatherapie oder der Abschaltung des Respirators machen zu müssen.

Schwedische Präzedenzfälle

Die Uneinheitlichkeit, Unsicherheit und Schwierigkeiten in der Beurteilung der Grenzsituationen zwischen Leben und Tod durch die Juristen sind an zwei Präzedenzfällen in Schweden besonders deutlich geworden (*Sawicki* 1967; *Simson* 1965; *Sjövall* 1967). Sie wurden in der Fach- und Laienpresse lebhaft diskutiert. Es handelte sich dabei um zwei Patientinnen (60 bzw. 78 Jahre) im Zustand nach zerebralen Hämorrhagien mit Bewußtlosigkeit in einem nordschwedischen Krankenhaus. In der Überzeugung von der Aussichtslosigkeit des Zustandes der Patientinnen hatte der Chefarzt mit den Angehörigen gesprochen, die lebenserhaltende Behandlung abzubrechen, wobei in dem einen Fall die besprochene Maßnahme (Absetzen der Infusionstherapie) auch durchgeführt wurde. Am 6. Tage danach verstarb die Patientin. Beide Patientinnen brauchten nicht künstlich beatmet zu werden, ein Hirntod lag also nicht vor.
In dem einen Fall war der Arzt von den Angehörigen gebeten worden, die Behandlung abzubrechen. Bei der anderen Patientin hatten die Angehörigen dem Vorschlag des Chefarztes stets ablehnend gegenübergestanden und ihn dann schließlich beim Reichsgesundheitsamt angezeigt. Mehrere berufliche und gerichtliche Instanzen befaßten sich mit den erwähnten Tatbeständen und kamen zu teilweise unterschiedlichen Auffassungen, die hier nicht weiter in Einzelheiten dargelegt werden sollen (*Sjövall* 1967). Der Reichsankläger, der höchste Anklagebeamte Schwedens, erklärte, daß ein Tötungsdelikt auch durch Unterlassung begangen werden könne, doch sei eine Anklage wegen Mordes im vorliegenden Falle bloßer ärztlicher Passivität unangebracht. Das Verhalten des Arztes habe auf begründetem Zweifel an der nachhaltigen Effektivität eines positiven Handelns (der Infusionstherapie) beruht. Das zuständige Kreisgericht sah im Verhalten des Arztes auch kein Amtsvergehen (Nichterfüllung ärztlicher Pflichten) und sprach ihn frei, da die Fortsetzung der

künstlichen Ernährung „keine medizinische oder menschliche Aufgabe mehr hätte erfüllen können.“
Die vorsorglich eingelegte Berufung des Reichsanklägers wurde wieder zurückgenommen mit der Begründung: eine künstliche lebensverlängernde Behandlung dürfe aus ernsten humanitären Gründen abgebrochen werden, wenn ein Patient schwere Qualen leide und sein Ableben unter allen Umständen nahe bevorstehe (*Simson* 1965).
Von großer prinzipieller und praktischer Bedeutung sind einige Feststellungen verschiedener beteiligter allgemein- und standesgerichtlicher Organe. Unter Berufung auf das Gutachten des ersten medizinischen Sachverständigen, wonach “it is our duty to prolong a life, it is certainly not our duty to prolong the act of dying”, richtete der Bezirksstaatsanwalt an das Reichsgesundheitsamt die Frage über den Beginn des Sterbevorgangs. Der mit der Beantwortung beauftragte gerichtsärztliche Ausschuß traf die grundsätzliche Feststellung, daß das Wort „sterben“ sich auf die im Aufhören befindlichen Lebensvorgänge als Folge einer schweren Erkrankung oder Schädigung beziehe, wobei vor allem die Herztätigkeit abnehme, der Blutdruck sinke, die Atmung schwächer werde, Bewußtlosigkeit vorliege oder das Bewußtsein stark getrübt sei. Der Beginn dieses Prozesses sei oft nicht zu erkennen. „Von einem Patienten, der wegen einer schweren Krankheit, die mit Sicherheit zum Tode führt, bettlägerig ist, wird gesagt, daß er im Sterbebett liegt, und er ist gewissermaßen sterbend.“
In der schließlich ausschlaggebenden Stellungnahme des Disziplinarausschusses des Schwedischen Reichsgesundheitsamtes (zit. bei *Sjövall* 1967) wurde u.a. festgestellt: „Wenn es offenbar ist, daß ein Patient unabhängig von jeder Behandlung innerhalb sehr kurzer Zeit sterben wird, können humanitäre Gründe vorliegen, eine zuvor wirksame Behandlung abzubrechen, um den Sterbeprozeß nicht zu verlängern. Eine solche Maßnahme muß allein von der Beurteilung des behandelnden Arztes abhängen und auf dessen eigene Verantwortung durchgeführt werden.“
In seiner abschließenden Stellungnahme betonte der Reichsanwalt, daß innerhalb und außerhalb der Ärzteschaft große Zweifel und stark geteilte Meinungen darüber bestünden, „inwieweit eine lebenserhaltende Behandlung einer bewußtlosen Person, bei der keine Hoffnung auf eine Besserung des Zustandes besteht, fortgesetzt werden soll, wenn dadurch nichts anderes als eine kurzfristige Verlängerung des Lebens erzielt werden kann.“
Der Arzt wurde vom Bezirksgericht in Gallivare freigesprochen, wobei Medizinalbehörde und Gericht übereinstimmten.

Ausgehend von der Problematik dieser beiden Fälle hat *Sjövall* (1967) zur Frage der *Einstellung der Therapie* Stellung bezogen: „Ist somit der Tod mit Sicherheit als Folge des Zustandes des Patienten zu erwarten und ist der Zustand so, daß die lebenserhaltende Behandlung keinen anderen Effekt hat, als den Zeitpunkt des Todes kurzfristig aufzuschieben, kann es nicht als falsch angesehen werden, in einer solchen Situation die Behandlung abzubrechen.“ Er hebt hervor, daß man während dieser Verhandlungen in Schweden nach Änderung der Standpunkte von 1963 bis 1966 zuletzt die Voraussetzung zugrunde gelegt habe, „daß es zugelassen ist, die künstliche Beatmung abzubrechen, auf jeden Fall, wenn es sich um einen Patienten handelt, dessen Prognose infaust ist.“

Die Rolle der Angehörigen aus der Sicht des Rechts

In allen Verhandlungen über diese beiden Fälle in Schweden ist dagegen einstimmig die Meinung vertreten worden, daß der Arzt sich in seiner Entscheidung über die Einstellung einer Therapie nicht von den Angehörigen beeinflussen lassen dürfe.

Demgegenüber billigt *Bockelmann* (1968a) den Angehörigen eine große Rolle in der Überlegung des Arztes zu, ob er eine lebenserhaltende Therapie einleiten bzw. fortführen soll. Solange der Patient noch am Leben erhalten werde, könne er noch eine Erbschaft machen, eine höhere Dienstaltersstufe erreichen oder ein weiteres Mal seine Rente beziehen. „Der Wert des Lebens ist selbst dann, wenn es zur Neige geht, keine bloße biologische Größe."
Nach den Meinungen von *Halley u. Harvey* (1968) kann unter gewissen Bedingungen und nach Beratung mit Experten der Tod erklärt werden, "when valid consent to withhold or stop resuscitative measures has been given by the appropriate relative or legal guardian."
Maurach (1964) will die Tatbestandsmäßigkeit der Unterlassung bejaht wissen, wenn der Arzt dem Wunsche der Angehörigen auf Anwendung „aufpeitschender und das Leben um ein Geringes verlängernder Mittel" (auch wenn das Leben im Verlöschen begriffen ist) nicht nachkommt.
Andere Juristen nehmen einen zu diesen Ansichten konträren Standpunkt ein. Nach *Kohlhaas* (1967b) hat der Arzt „keinesfalls die Verpflichtung, lebenserhaltende Eingriffe deshalb zu unterlassen, weil ihm von dritter Seite ein angeblicher entgegenstehender Wille aufoktroyiert wird." Auch nach *Hansen* (1969) und *Sawicki* (1967) handelt es sich unter den Bedingungen der apparativen Reanimation um rein ärztliche Entscheidungen, und sie haben die Zuziehung der emotionell beeinflußten Angehörigen bei diesen Erwägungen entschieden abgelehnt.
Nach Ansicht des Gerichtsmediziners *Muller* (1967) kann auch nach irreversibler Schädigung des ZNS der Arzt auf seine eigene Verantwortung hin seine Bemühungen abbrechen, unbeschadet der Einstellung der Angehörigen: "Clearly he cannot ask the opinions of the family or their permission to stop maintenance of vegetative life . . .", („Selbstverständlich kann er nicht die Meinungen der Familie erfragen oder ihre Erlaubnis einholen, um die Aufrechterhaltung des vegetativen Lebens einzustellen . . . ").
Noch entschiedener hat *E. G. Moore* (1966) die Berücksichtigung der Wünsche der Angehörigen abgelehnt: " . . . it cannot be too strongly emphasized that these in themselves carry no weight in Law", („ . . . es kann nicht nachdrücklich genug betont werden, daß gerade diese kein Gewicht in die Waagschale des Rechts legen können.") Es sei die gesetzliche Pflicht des Arztes, seinen Patienten ohne Vernachlässigung zu behandeln und für ihn das Beste zu tun. Mit aller Vorsicht wirft er abschließend die Frage auf, "whether the Law always regards the prolongation of life as the best, or whether, as is here with great hesitation suggested, there are circumstances in which the Law will recognize that the best is to allow the end to come as quickly and as peacefully as possible", („ . . . ob das Recht in der Verlängerung des Lebens immer das Beste sieht, oder ob es – was hier mit größtem Zögern vorgebracht wird – Umstände gibt, unter denen das Recht es als das Beste anerkennen wird, ein möglichst schnelles und friedvolles Ende nicht zu verzögern").
Das gleiche Prinzip für jede Tätigkeit des Arztes wurde auch von *Sjövall* (1967) herausgestellt: „Die Aufgabe des Arztes ist es schließlich, nur das Beste des Patienten vor Augen zu haben und sich nicht von anderen in diesem Zusammenhang unwesentlichen Interessen leiten zu lassen."
Faßt man die für die Verhaltensweise des Arztes im Grenzbereich zwischen Leben und Tod von bekannten Rechtslehrern dargelegten Anschauungen zusammen, so kann wohl folgendes gesagt werden:

1. Kommt es zu einem Atem- und/oder Herz-Kreislauf-Stillstand in einem bis dahin gesunden Organismus (Unfälle im Verkehr, in Betrieben, im Haushalt, durch elektrischen Strom, Ertrinken, akute Intoxikation, Zwischenfälle während oder nach einem operativen Eingriff), hat der Arzt die rechtliche Pflicht, sein ganzes therapeutisches Können bis an die Grenzen der modernen Wissenschaft einschließlich der Möglichkeit der Wiederbelebung und Intensivtherapie einzusetzen.
2. Unter den Bedingungen der Reanimation und Intensivtherapie ist der Hirntod eine notwendige, aber auch eine ausreichende Bedingung, einen Menschen für tot anzusehen.
3. Die Festlegung der Todeskriterien und des Todeszeitpunktes bleibt auch nach juristischer Meinung den Medizinern überlassen.
4. Wenn es der Arzt in bestimmten Situationen angesichts des Stillstandes von Atmungs- und Herz-Kreislauf-Funktionen nicht für geboten hält, den irreversibel begonnenen Sterbevorgang durch Maßnahmen der Wiederbelebung und Intensivtherapie aufzuhalten und zu verlängern, ist daraus kein „Verstoß gegen die Regeln der Kunst" abzuleiten.
5. Gelangt der Arzt nach Einleitung von Maßnahmen der Wiederbelebung und Intensivtherapie zu der sicheren Überzeugung, daß sie nur eine künstliche Verlängerung des irreversiblen Sterbevorganges bewirken, so ist er berechtigt, diese Maßnahmen einzustellen.

In Anbetracht der Fortschritte der Medizin ist offensichtlich auch für die meisten Juristen die Frage brennend, ob die geistige Grundlage der Jurisprudenz, Leben in jeder Form und mit allen Mitteln zu erhalten, nicht der Korrektur bedarf. Mehr als bisher wird sich der Jurist in Entscheidungen bezüglich der Problematik an der Grenze zwischen Leben und Tod, die weit über seinen eigenen Erfahrungsbereich hinausgeht, von Vertretern der Medizin und anderer Wissensgebiete beraten lassen müssen (*Wiemers* 1969). Das Recht darf kein Abstraktum sein, sondern muß für die Menschen wirken, so wie es ein später Römer ausgedrückt hat: „Pectus facit iurisconsultum" (Das Herz macht den Juristen) (zit. bei *Kühnert* 1970).
Recht und Rechtssprechung wollen die Einhaltung des Humanen im Zusammenleben der Menschen sichern. Da sie *niemals eine kasuistische Normierung aller denkbaren Situationen* vornehmen können und es für verfehlt halten, in den zur Zeit bestehenden Entwicklungs- und Übergangsprozeß der Medizin regulierend einzugreifen, überlassen sie der *Medizin selbst die Überarbeitung der bisherigen Verhaltensweise auf dem Grenzfeld zwischen Leben und Tod* in der Erwartung, daß damit die dem Wohl des einzelnen Patienten wie auch die der Gesellschaft dienlichen Gesichtspunkte gebührend berücksichtigt werden. Die hierzu erforderlichen Überlegungen und Erörterungen können sich nur aus den Grundsätzen der Ethik ergeben. Darüber hinaus dürfte es sich in Zukunft immer weniger vermeiden lassen, auch sozialethische und ökonomische Gesichtspunkte entsprechend zu berücksichtigen.

Sozialethische und ökonomische Gesichtspunkte

Im Grunde genommen hat jeder Patient absoluten Anspruch auf eine optimale Behandlung und Versorgung unter Ausschöpfung aller dem modernsten Stand der medizinischen Wissenschaft entsprechenden Erkenntnisse und Möglichkeiten. Indessen hat die außerordentlich rapide Entwicklung der Medizin dazu geführt, daß die *Diskrepanz zwischen wissenschaftlich-theoretisch gegebenen und den für den einzelnen Patienten tatsächlich praktisch realisierbaren Möglichkeiten* immer größer wird. So verfügen beispielsweise selbst reiche zivilisierte Länder nur über ungenügend personelle und materielle Kapazitäten zur Durchführung von Herzoperationen. Ein etwa analoges Mißverhältnis ist hinsichtlich der Hämodialyse weltweit bekannt, so daß die Ärzte in allen Ländern zu der äußerst problemreichen, ihr Gewissen so belastenden Auswahl von Patienten gezwungen sind, was schließlich erst recht für Organtransplantationen gilt.
Auch die Methoden der modernen Intensivbehandlung können noch nicht allen dafür in Betracht kommenden Patienten zuteil werden. Diese Form von spezieller Behandlung von Schwerstkranken und Schwerstverletzten bindet nämlich eine große Zahl von erfahrenen Ärzten und versierten, opferbereiten Pflegekräften und erfordert darüber hinaus einen ungeheuren materiellen und damit finanziellen Aufwand. Ein Ende der Steigerung dieser Anforderungen ist bei weitem noch nicht abzusehen, wie Statistiken der Intensivtherapiestationen der verschiedensten medizinischen Disziplinen erkennen lassen.
In der Neurochirurgie ist die Zunahme von Intensivbehandlungspatienten besonders kraß und alarmierend. Auf der Intensivstation der Neurochirurgischen Universitätsklinik Homburg/Saar hat bei gleicher Bettenkapazität von

1970 auf 1971	
die Zahl der versorgten Patienten um	55%,
die Zahl der verstorbenen Patienten um	80%

absolut zugenommen, wobei bezogen auf die Zahl der aufgenommenen Patienten

1970 die Letalität	27%,
1971 die Letalität	32%

betrug.
Diese kurzen Angaben spiegeln nicht nur die große Zunahme von neurochirurgisch versorgten Intensivbehandlungspatienten wider, sondern auch eine erhebliche Steigerung des Schweregrades der Krankheitszustände und der Sterblichkeitsquote.
Sicher ist für die hohe Sterblichkeit auch der Umstand entscheidend, daß Patienten mit schweren Schädel-Hirn-Verletzungen bei Klinikeinweisung praktisch auch dann *stationär aufgenommen* werden müssen, *wenn bereits die erste neurochirurgische Fachuntersuchung eine absolut infauste Prognose erkennen läßt.*
Ähnliche Tendenzen sind auch von anderen neurochirurgischen Kliniken bekannt geworden. In Anbetracht dieser Verhältnisse und Entwicklung müssen sich alle Beteiligten zu der bitteren Erkenntnis durchringen, daß der Einsatz unseres gesamten Spektrums therapeutischer Möglichkeiten an Patienten mit sicher infauster Prognose nicht dazu führen darf, daß es anderen Kranken mit durchaus vorhandenen oder sogar guten Überlebensaussichten vorenthalten werden muß.

Selbstverständlich müssen wir bei zweifelhafter und unsicherer Prognose alle diagnostischen und therapeutischen Möglichkeiten ausnützen, um *keine Chance für einen Patienten zu vergeben.*
Andererseits ist es aber nicht zu verantworten, Kranke mit günstiger Prognose durch den *Einsatz* unserer ärztlichen und räumlichen Möglichkeiten *an eindeutig Unrettbaren* zu gefährden. Diese Feststellungen beziehen sich beispielsweise sowohl auf die operativen Kapazitäten einer Klinik als auch auf die Übertragung von zahlreichen Blutkonserven, vielleicht sogar einer sehr seltenen Blutgruppe *bei sicher infausten Patienten oder gar Moribunden.*
Die Behauptung, daß solche Alternativen nicht existierten oder nicht gegeben sein dürften, entbehrt jeder empirischen Grundlage. Bei realistischer Beurteilung der augenblicklichen Situation dürften wir in Zukunft nicht nur in Entwicklungsländern, sondern auch in Nationen mit hohem Lebensstandard noch häufiger als bisher vor derartige Alternativen gestellt werden. Bislang haben die zuständigen Versicherungen in kapitalistischen wie sozialistischen Ländern für Einzelfälle selbst hohe finanzielle Kosten übernehmen können. Die weitere Entwicklung kann aber dahin führen, daß ihnen dies nicht mehr in unbegrenztem Umfange möglich ist. Sollten auch die finanziellen Mittel der betroffenen Familie erschöpft sein oder mit Rücksicht auf das Wohl anderer Familienmitglieder nicht in ungebührlich hohem Maße beansprucht werden dürfen, kann der Arzt zu Konsequenzen gezwungen sein, wie sie bereits von *Papst Pius XII.* in seiner Stellungnahme (zit. bei *Haid* 1958) angeführt wurden.
Auch der *frühere UNO-Generalsekretär U Thant* regte in einer Stellungnahme (1970/71) eine Untersuchung der Frage an, ob die modernsten medizinischen Techniken zur Verlängerung des Lebens bei einigen wenigen Kranken angewendet werden müßten, solange die dabei entstehenden Kosten die medizinische Versorgung vieler Kranker beeinträchtigten. Ferner seien die Maßstäbe für die Auswahl der Patienten unklar, die mit den modernsten medizinischen Möglichkeiten behandelt werden sollten.
Zu welchen schweren Folgen die Diskrepanz zwischen der Zunahme der Zahl und auch des Schweregrades der Schädel-Hirn-Verletzungen einerseits und den verfügbaren personellen und materiellen Möglichkeiten andererseits führen kann, läßt die folgende, kurz wiedergegebene Krankengeschichte in erschreckendem Maße erkennen:

Beispiel 9: 43jährige Frau
Am 4.1.1972 nahezu vollständige Exstirpation eines Keilbeinflügelmeningeoms. Nach Besserung des Allgemeinzustandes mit Ansprechbarkeit und vorhandenen Hustenreflexen wurde die Patientin am 3. postoperativen Tage von der Intensiv- auf ihre ursprüngliche Allgemeinstation zurückverlegt.
Am 4. postoperativen Tage wurde die Patientin nach offensichtlicher erheblicher Aspiration reaktionslos und mit weiten Pupillen angetroffen, so daß sie sofort intubiert und abgesaugt werden mußte. Kurz darauf Atemstillstand. Dauerbeatmung. Blutgaswerte nach *Astrup* bei späterer Kontrolle im Normbereich.
5. postoperativer Tag: deutliche Verschlechterung des Kreislaufs trotz entsprechender Therapie, Bradykardie, Absinken der Körpertemperatur unter 34°C.
6. postoperativer Tag: irreversibles Kreislaufversagen.

Epikrise: Nur eine Erörterung der Situation ex ante, wie sie auch dem Juristen geboten ist, kann eine Beurteilung und Schlußfolgerungen erlauben. Zum Zeitpunkt der Verlegung der Patientin waren die personellen, räumlichen und apparativen Ka-

pazitäten der Intensivstation derartig überbeansprucht, daß die dringend gebotene Abhilfe nur durch eine Verlegung von Patienten geschaffen werden konnte. Obwohl die Patientin noch einer Dauerüberwachung bedurfte, was nur auf der Intensivstation gewährleistet ist, entschlossen sich die Ärzte, gerade sie zu verlegen, weil ihr Zustand im Vergleich mit dem der übrigen dort befindlichen Kranken es am ehesten erlaubte, und weil bei ihr nach ärztlicher Erfahrung die später aufgetretene Komplikation keineswegs vorauszusehen war.
Retrospektiv darf man wohl sagen, daß bei ausreichenden Möglichkeiten, so daß die Patientin weiter auf der Intensivstation verblieben wäre, die Aspiration mit sehr großer Wahrscheinlichkeit hätte verhindert bzw. rechtzeitig behandelt werden können. Wenn das Meningeom operativ auch nicht vollständig entfernt werden konnte, so war nach ärztlicher Erfahrung doch mit einer Rückbildung der noch vorhandenen Hemiparese und Asphasie zu rechnen, die Überlebenschancen als gut zu bezeichnen und ein Rezidiv erst nach 5-8 Jahren zu erwarten. Eine solch gute Prognose hatte man keineswegs bei allen übrigen, gleichzeitig mit dieser 43jährigen Frau auf der Intensivstation behandelten Kranken stellen können. Bei mehreren war sie sogar als sicher infaust zu bezeichnen. Im Bestreben und in Verfolgung des Prinzips, denjenigen Patienten die Vorzüge der Intensivtherapie zuteil werden zu lassen, die ihrer am dringendsten bedürfen – ohne Abwägung der unterschiedlichen Prognosen gegeneinander (!) – hatte man diejenige Patientin verlegt, deren Zustand es unter diesen Voraussetzungen und nach der Beurteilung ex ante am ehesten zuließ.

Dieser fatale postoperative Verlauf beweist mit aller Eindringlichkeit, daß wir schon aus rein ärztlich-ethischen Gründen *zur gewissenhaften Indikationsstellung für den Einsatz der heutigen medizinischen Möglichkeiten gezwungen* sind. Wir können es infolgedessen auch nicht verantworten, den umfangreichen Aufwand bei sicher unrettbaren Patienten zu betreiben, während dadurch zur gleichen Zeit chancenreiche Kranke unvermeidlich – in Ermangelung ausreichender Kapazitäten (!) – vernachlässigt werden müssen.
So stellt sich die *Frage,* ob der Arzt bei der heute gegebenen Zunahme vor allem schwerster Schädel-Hirn-Verletzungen nicht ebenso zur *Wertung und Auswahl der für eine Intensivbehandlung in Frage kommenden Patienten* gezwungen ist. Auf manchen derartigen Stationen drängt sich nämlich sogar der Eindruck einer fast ununterbrochen ablaufenden Massenkatastrophe auf.
Die derzeitige juristische Beurteilung solcher Situationen kann hierbei nicht außer acht bleiben. So gilt der Abbruch ärztlicher Bemühungen bei einem Patienten mit geringerer Lebenserwartung mit dem Ziel, einem anderen Patienten mit besserer Prognose helfen zu können, als rechtswidrig. *Bockelmann* (1968b) gesteht dabei im Gegensatz zu anderen Juristen (z.B. *Hanack* 1969a) auch keinen Schuldausschließungsgrund zu, will den Arzt also sogar bestrafen.
Nun ist jedoch die *Zunahme extremer und im Vergleich zu früher erheblich veränderter Ausnahmesituationen* nicht mehr zu übersehen. Es gibt heute weit mehr Kranke, deren Überlebensaussichten aufgrund umfangreicher Untersuchungsbefunde und ausreichender ärztlicher Erfahrung mit an Sicherheit grenzender Wahrscheinlichkeit als infaust zu bezeichnen sind. Es handelt sich dabei vor allem um *Patienten mit irreversibler Bewußtlosigkeit,* die man mit dem gesamten modernen medizinischen Repertoire noch für Stunden oder gar Tage am Leben erhalten kann, deren *Sterbeprozeß* dadurch aber auch *nur sinnlos verlängert* wird.
Wenn der Arzt sich von solchen Abwägungen leiten läßt, braucht er dem *Strafrechtslehrer Hanack* (1969b) zufolge unter derartigen Voraussetzungen nicht mit

Strafe zu rechnen, da „in diesen Fällen die Abwägungskriterien eindeutig und nicht auf eine soziale Wertigkeit zugeschnitten sind", und die Lebensuhr bei dem einen Patienten erkennbar abgelaufen ist. *Hanack* sieht sogar in der Tatsache, daß nach bisheriger juristischer Beurteilung diese schwerste Entscheidung des Arztes als „rechtswidrig, wenn auch entschuldigt und straflos" gilt, „ein nur im Ergebnis unschädliches Versagen des Rechts, das eine sinnvolle und richtige ärztliche Entscheidung außerhalb des Erlaubten stellt . . ."

Vielleicht kann die Schilderung auch dieses tragischen Krankheitsverlaufes dazu beitragen, die bisherige, im allgemeinen noch herrschende Meinung der Jurisprudenz zu überdenken, sie im Hinblick auf die vielfältigen Probleme und Konfliktsituationen in der heutigen klinischen Medizin nach differenzierteren Kriterien auszurichten und uns Ärzten die Übernahme der belastenden Verantwortung in solchen Situationen zu erleichtern.

Wir Ärzte können und dürfen Fragen, die im medizinischen Bereich entstehen, aber auch in andere Wissensgebiete hinübergreifen, nicht etwa von uns weisen in der Meinung, dafür nicht oder nicht ausreichend kompetent zu sein. Damit würden wir die am meisten uns Ärzte konfrontierenden Probleme nur verdrängen und deren Lösung den Vertretern anderer Disziplinen mit nicht ausreichenden medizinischen Fachkenntnissen und Erfahrungen überlassen und aufzwingen. Eine derartige Verhaltensweise würde bei uns nur zu inneren Spannungen und Konflikten und in Kreisen der Nichtmediziner zu Fehldeutungen und falschen, letzten Endes für die Gemeinschaft und jeden einzelnen folgenschweren Beurteilungen führen. Den Ausweg können wir nur im *umfassenden Gespräch* mit verständigungsbereiten Fachkollegen und Vertretern der außermedizinischen Nachbarwissenschaften sehen und suchen.

Die *Kosten* für einen Patienten, dessen Lebensfunktionen *auf einer Intensivstation* zum Teil künstlich aufrecht erhalten werden mußten, hat *Beecher* (1968) mit \$ 25 000 bis \$ 30 000 jährlich angegeben. In der Zwischenzeit sind sie noch weiter angestiegen. Einen groben Überblick kann man aus folgender Zusammenstellung gewinnen, die auf Angaben der verantwortlichen Ärzte und Pflegekräfte der Neurochirurgischen Intensivstation und der Wirtschaftsabteilung der Universitätskliniken in Homburg/Saar beruhen.

Unter Zugrundelegung von

– rund 4000 Pflegetagen im Jahr 1971,
– der Gehalts- und Lohnkosten des auf der Station tätigen Personals,
  - 3 Neurochirurgen,
  - 1 Anästhesist,
  - 1 Konsiliarius,
  - 1 Sekretärin,
  - 12 Pflegekräfte,
  - 1 Krankengymnastin,
  - 3 Stationshilfen,
  - 1 MTA,
  - Sitzwachen,
– der Kosten für Medikamente,
– der Kosten für Röntgenaufnahmen,
– der Kosten für Spezialuntersuchungen (EEG, Echoenzephalo-, Karotisangiographie),

- der Kosten für Laboruntersuchungen,
- der Kosten für Respiratorbehandlung
  (durchschnittlich etwa 4 Tage pro Woche),
- der Kosten für die innere Ausstattung einer Intensivtherapiestation
  (rund 130 000 DM pro Bett, mit einer Lebensdauer von ca. 6-8 Jahren)

belaufen sich die Kosten bei minimalster Berechnung auf

750 DM je Pflegetag.

Hierbei sind keine Operationskosten oder Sondersituationen berücksichtigt. Auch wurden keine Transfusionen und Infusionen mit kostspieligen Lösungen (z.B. Humanalbumin) berechnet.

Die überschlagsmäßig vorgenommenen Kostenberechnungen befinden sich im Einklang mit Angaben der Literatur. Nach *Eichhorn* (1967) belaufen sich die Kosten für den Bau und die Einrichtung von Intensivtherapiestationen auf 80 000–280 000 DM für zwölf Betten (ohne Berücksichtigung von Überwachungsanlagen!).

Für eine internistische Intensivtherapiestation mit elf Betten hat *Baum* (1968) die Personalkosten pro Pflegetag und Patient mit 171–235 DM errechnet, so daß der bei der obigen Aufstellung zugrunde gelegte Betrag von 100 DM je Pflegetag für Personalkosten eher zu niedrig angesetzt wurde. Nach dem gleichen Autor beliefen sich auf der internistischen Intensivbehandlungsstation der Universitätskliniken Mainz die Kosten je Pflegetag schon 1968 auf 500–750 DM, in Sonderfällen (z.B. Tetanus) auf mehr als 1 000 DM je Pflegetag.

Bei der Kostenberechnung eines Extremfalles auf der Intensivtherapiestation der I. Medizinischen Universitätsklinik Homburg/Saar ergab sich nach Angaben der dortigen Verwaltung sogar ein Betrag von 1 600 DM je Pflegetag.

Ähnliche Verhältnisse und Grundlagen wie auf einer neurochirurgischen Intensivstation bestehen auch auf den *chirurgischen und internistischen Intensivbehandlungseinheiten,* vor allem bedingt durch die Zunahme von *Polytraumatisierten* und von Patienten mit *Herzinfarkten* sowie exogenen und endogenen Intoxikationen (Dialyseverfahren!).

Die Bedeutung dieser Berechnungen wird erst recht deutlich, wenn man den Kostenaufwand der Betreuung von Patienten ermittelt, die über Jahre auf einer Intensivstation versorgt werden mußten. So berichtete die "Times" (London) in ihrer Ausgabe vom 16.7.1964 über den Tod einer 21jährigen Patientin in Montreal, die seit einem Verkehrsunfall, zwölf Jahre zuvor, komatös geblieben war. Ein ähnliches Schicksal mit ebenfalls mehrjährigem Koma hatte ein türkischer Röntgenologe nach einem elektrischen Unfall in Ankara erlitten (*Oktay,* persönliche Mitteilung 1970).

Auch aus den vorgenannten sozialen und ökonomischen Gründen werden wir Ärzte immer mehr zu Wertungen, Abwägungen und verantwortungsvollen Entscheidungen gezwungen, zu deren Bewältigung vor allem fundierte ärztlich-ethische Grundlagen unabdingbare Voraussetzung sind.

Ethische Gesichtspunkte

Allgemeines

Jede Rechtsordnung hat das Humanum und ein Mindestmaß an ethischem Verhalten unter den Menschen zu sichern. Dabei stellt sich die Frage, ob auch die Maßstäbe für das ethische Verhalten, insbesondere des Arztes, dem Wandel der geschichtlichen Entwicklung unterworfen sind. Diese Maßstäbe werden nicht vom Recht geschaffen oder diktiert, doch ist es einer ihrer Hüter. Zum anderen ist mit der fast überstürzten Ausweitung der heutigen medizinischen Möglichkeiten keineswegs von vornherein die Wahrung der ethischen Prinzipien des Arztseins gesichert. Auch haben in den letzten Jahren im Hinblick auf die *Diskrepanz zwischen den äußeren Möglichkeiten und der inneren Entwicklung des Menschen* mehrere Autoren (u.a. *Autrum* 1968, 1970b; *Beecher* 1968; *Böckle* 1968b, 1970; *Ehrhardt* 1965, 1966; *Heitler* 1970; *Kautzky* 1958, 1961, 1968b; *v. Kress* 1960, 1970; *Lord Russel* 1969; *Marlet* 1968; *Portmann* 1970; *Radhakrishnan* 1969; *Schadewaldt* 1969; *Thielicke* 1967, 1968a, b, 1970; *Toynbee* 1969, 1970a; *v. Weizsäcker* 1963, 1964, 1966, 1967a, b; *Ziegler* 1971) auf die Gefahren für die ärztlich-ethischen Grundlagen aufmerksam gemacht. So war es auch nicht verwunderlich, daß *ethische Fragen auf medizinischen Tagungen* erörtert wurden:

CIBA Foundation Symposium “Ethics in Medical Progress”, London 1966
Symposium “The Ethical Aspects of Experimentation on Human Subjects”, American Academy of Arts and Sciences 3./4.11.1967
XXV. Generalversammlung des Weltärztebundes (Themen vom ärztlichen Berufsethos bis zum Drogenabusus) vom 12.–18.9.1971 in Ottawa
Symposium “The Challenge of Life”. Hoffmann-La-Roche, 31.8.–3.9.1971 in Basel
„Humanitas im Krankenhaus“ als Hauptthema auf der 89. Jahrestagung der Deutschen Gesellschaft für Chirurgie, 10.–13.5.1972 in München
„Bewältigung des Fortschritts“, 107. Jahresversammlung der Gesellschaft Deutscher Naturforscher und Ärzte, 8.–12.10.1972 in München

Auch die UNO hat sich mit diesen Fragen befaßt:
United Nations. Economic and Social Council. Secretary General *U Thant:* Human Rights and Scientific and Technological Developments (E/CN. 4/1028, E/CN. 4/1028/Add. 1-4, E/CN. 4/1028/Add. 3/Torr.1) 1970/1971.

Erst recht die kürzlich erfolgte Gründung des ersten Instituts auf der Erde, das sich ausschließlich mit ethischen Fragen der Biologie und Medizin befassen soll (s. Dtsch. Ärztebl. 27.1.1972), an der Georgetown University (USA), weist auf die *Bedeutung der Ethik für die heutige Medizin* hin. Der historische Wandel ist auf diesem Gebiet offensichtlich.
Ein Rückblick auf die Geistesgeschichte der Menschheit läßt erkennen, daß Änderungen der philosophischen Grundlagen einer Epoche auch eine Änderung der ärztlich-ethischen Vorstellungen nach sich ziehen. Hier sei nur an die prinzipielle Unterscheidung zwischen behandlungswürdigen und behandlungsunwürdigen Kranken im klassischen Griechenland erinnert, und an dieser Unterscheidung hat auch *Platon* festgehalten (*Schadewaldt* 1969). Ebenso enthält das Corpus Hippocraticum mehrere Stellen, wo der Arzt vor der Übernahme der Behandlung von desolaten

Fällen gewarnt wird: „Aber er wage sich nicht heran an jene, die von der Krankheit schon überwältigt sind“ (*Schadewaldt* 1969).
Mit der Ausbreitung des Christentums änderte sich die Einstellung zum Tode und zum unheilbaren Kranken tiefgreifend. Es kam zu einer Abwendung von jeglicher negativen Wertung menschlichen Lebens, was z.B. auch Voraussetzung für ärztliche Bemühungen um das Leben der Geisteskranken war. Die Aufforderung zur grenzenlosen Liebe und Hingabe den Mitmenschen gegenüber verlangte vom Arzt seinen unbedingten Einsatz auch am hoffnungslosen Kranken und die Ausschöpfung aller Möglichkeiten zur Verlängerung des Lebens und damit zur Verhinderung des Todes. Der Kampf mit dem Tode wurde zum Leitmotiv allen ärztlichen Handelns.

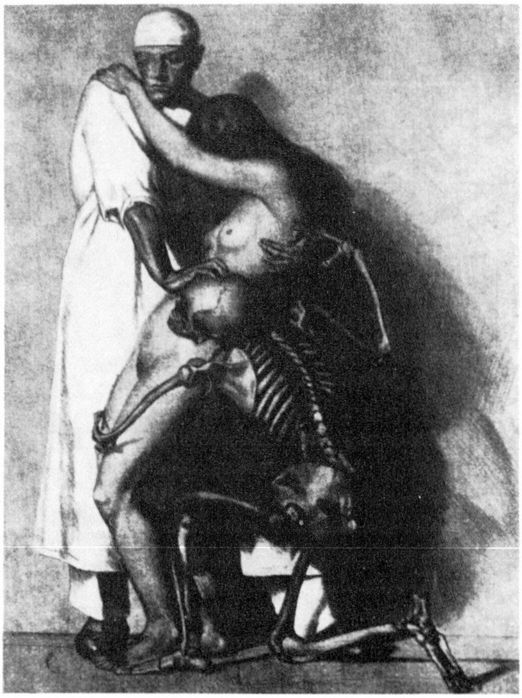

Abb. 5. „Der Arzt“ von *Ivo Saliger* (Radierung um 1921) (aus: *W. Block:* Der Arzt und der Tod. Enke, Stuttgart 1966)

Die Notwendigkeit dazu hatte sich vor allem auch in jenen Jahrhunderten ergeben, wo die meisten Menschen in der Blüte oder in der Knospe ihres Lebens durch Krankheiten dahingerafft wurden, die heute einer Heilung zugeführt werden können.
Sein Berufsethos gebietet dem Arzt, mit den neuesten Erkenntnissen der Medizin vertraut zu sein und die ihm in der jeweiligen Situation *verfügbaren Möglichkeiten,* also auch die Errungenschaften der Wiederbelebung und der Intensivtherapie, *zum Wohle des Kranken einzusetzen.*
Freilich bleibt in vielen Fällen auf dem Grenzfeld zwischen Leben und Tod den ärztlichen Bemühungen der Erfolg versagt, und oft schon innerhalb kurzer Zeit beweist der Tod seine überlegene Macht. Wir müssen hier die Unzulänglichkeit unseres Vermögens eingestehen, uns allerdings auch veranlaßt sehen, die Gründe unseres Versagens aufzuspüren und nach Verbesserungen unseres Vorgehens zu suchen. Indessen kann die zuweilen geäußerte Vorstellung, dereinst Krankheit und Tod beseitigen zu können, nur dem Boden eines utopischen Perfektionismus entstammen.

Durchführbarkeit der Therapie als Indikation

Unsere zweifellos berechtigten Bestrebungen nach Vervollkommnung unserer Mittel und Methoden können jedoch auch zu einem Ergebnis führen, wie es am Beispiel 4 (S. 5) aufgezeigt wurde. Gerade in zivilisierten Ländern und noch dazu in großen, technisch gut ausgerüsteten Kliniken kann der Arzt nur allzu leicht der Versuchung erliegen, gleichsam wie im Experiment das gesamte Repertoire der heutigen Therapie einzusetzen, einer übertriebenen und unbegründeten illusionären Fortschrittswundergläubigkeit zu verfallen und den *Sinn seines ärztlichen Auftrags zu vergessen.* Er kann dann Gefahr laufen, in der *technischen Durchführbarkeit* einer Maßnahme die *alleinige Veranlassung zur Indikationsstellung* zu sehen. Wohl jeder längere Jahre in der klinischen Arbeit tätige Kollege hat solche Situationen erlebt, so daß Beispiele im Wissen um die Begrenztheit des eigenen und allen menschlichen Urteilsvermögens nicht aufgeführt werden brauchen.
Die Gefahren, einer solchen Richtschnur zu folgen, haben jedoch im Vergleich zu früheren Zeiten zugenommen. So kann eine technisch perfekt durchgeführte und gelungene Operation im Hinblick auf das Gesamtwohl des Patienten und sein weiteres Schicksal sinnlos sein, auch wenn dabei der Arzt der Selbstsuggestion unterliegt, nunmehr alles, was der heutigen Medizin zur Verfügung steht, bis zum letzten Atemzug, in der Wiederbelebung sogar noch über diesen Zeitpunkt hinaus, getan zu haben. Dazu können auch die Dialyseverfahren und andere Maßnahmen der Intensivtherapie gehören. Zweifellos ist dieses Verhalten – dies soll mit aller Entschiedenheit betont werden – auch der am wenigsten mit inneren Konflikten und Zweifeln verknüpfte Weg. Auch wird er kaum zu juristischen Konsequenzen Anlaß geben.
Doch ist der leichteste Weg immer der richtige? Ist eine Behandlung, auch eine Wiederbelebungsmaßnahme, allein dann indiziert, wenn uns dazu die technischen Mittel gegeben sind, und wir über die Fähigkeit verfügen, sie anzuwenden? Muß nicht jede ärztliche Maßnahme in ihrer Beurteilung immer auf die Ganzheit des Patienten bezogen werden?

Erhaltung des Lebens mit allen Mitteln

Zweifellos muß es eines der höchsten Gebote ärztlichen Handelns sein, das Leben der Patienten zu erhalten, wie es auch in der Berufsordnung für die deutschen Ärzte (1970) als erste Aufgabe angeführt wird. In früheren Abschnitten wurde aufgezeigt und durch Beispiele belegt (S. 3 und 4), daß eine Verlängerung des Lebens heutzutage in weit größerem Ausmaße als früher möglich ist. Hierbei muß an die Definition des menschlichen Lebens angeknüpft werden, denn die Verpflichtung kann sich wohl nur auf die eines menschlichen Lebens erstrecken. Sie kann *nicht auch die Bewahrung eines biologischen Lebens ohne Sicherung der Mensch-Qualität* oder gar einzelner Organe oder Zellgruppen zum Inhalt haben. Aus der *„Erklärung von Sidney“* des Weltärztebundes (1968) sei daher angeführt:

„Das klinische Interesse zielt aber nicht darauf, einzelne Zellen lebensfähig zu erhalten; es geht vielmehr um das Schicksal eines Menschen.“

Es zeigt sich im Hinblick auf die heutigen Möglichkeiten, daß nicht dem Leben an sich und in jeder Form die Würde und Höhe des obersten Wertes zugemessen

werden darf. Im Wissen um die Endlichkeit alles Menschlichen darf es auch nach Meinung der Theologen nicht zur Aufwertung des Vitalwertes zur Würde der Absolutheit kommen. Vitalität würde sonst zu einer Fata morgana reiner Diesseitigkeit erhoben. Die christliche Denkweise, die die Kultur des Abendlandes weitgehend geprägt hat, weigert sich, „aus dem bloßen Existieren ein Götzenbild zu machen, das jedes Opfer verlangen könnte" (*Schöllgen* 1953).
Grauenhafte Endzustände therapeutischer Bemühungen haben solche Gedanken aufkommen lassen. Wer täglich vor einem Wesen steht, dessen geistig-seelische Funktionen völlig erloschen sind, das keinerlei Reize mehr aufnehmen und beantworten kann, mithin in keinerlei Kommunikation zur Umwelt mehr steht, in dessen Zustand nicht die geringste Veränderung mehr erkennbar ist, dessen Organe dank unserer Maßnahmen (künstliche Beatmung, Infusionstherapie) aber noch wie in einem physikalisch-chemischen System zu funktionieren vermögen, der kann einfach nicht umhin, nach dem Sinn unseres ärztlichen Handelns in solchen Fällen zu fragen und das „Menschsein" dieses Wesens anzuzweifeln.
An die Stelle der alten Leitfrage der Wissenschaft „Was kann man wissen?" ist zuweilen die der Neuzeit getreten „Was kann man machen?". Die *Machbarkeit* ist *zu einem neuen Kriterium der Wahrheit geworden (Picht* 1966). Die Zweideutigkeit der Stellung der neueren Wissenschaft ist mit der Antinomie von zweckfreier Erkenntnis und praktischem Nutzen verbunden und ergibt sich auch daraus, daß zwischen dem Wahren und dem Guten nicht ohne weiteres eine wissenschaftliche Vermittlung gegeben ist. Sogar dem Begründer der Kybernetik, *Norbert Wiener*, drängte sich die Frage auf, ob das "know what" (das Wissen was und wozu es zu tun sei) nicht wichtiger sei als das "know how" (zit. bei *F. Wagner* 1968).
Ein an sich schlechtes Mittel (z.B. die Tötung eines Menschen) kann und darf nicht durch einen guten Zweck (z.B. Erlösung von Leiden) oder durch besondere Umstände (Mitleid, aussichtslose äußere Situation) entschuldigt werden. Hierzu gibt es keine Diskussion. Der Verzicht auf Anwendung verfügbarer Methoden ist als Mittel indifferent und daher nicht grundsätzlich unerlaubt. Es wird erst durch den Zweck oder die Umstände gut oder böse. Auch hier muß wieder an den Krankheitsverlauf der 27jährigen Urämiepatienten (Beispiel 4, S. 5) erinnert werden. So ergibt sich für den Arzt in der heutigen von der Technik und damit der Machbarkeit fast aller Dinge unterworfenen Welt die Verpflichtung, nicht nur sich zu fragen: „Was kann ich tun?", sondern zugleich die *Frage nach der Erlaubtheit des technisch Möglichen* aufzuwerfen. Letzteres ist nicht in jedem Falle identisch mit dem sittlich Erlaubten und kann den Gesetzen der Menschlichkeit widersprechen. Die Begeisterung für das umfangreiche Repertoire der heutigen Medizin kann uns zu der Meinung führen, es sei eine fortschrittliche Handlungsweise, wenn wir alle technischen Möglichkeiten am Kranken ausschöpfen.
Auf die universalen Möglichkeiten unseres Zeitalters bezogen hat *v. Weizsäcker* (1964) ein solches Verhalten als typisch für die erste Generation bezeichnet, „die alle Möglichkeiten ausprobiert, nur weil sie neu sind ... Reifes technisches Verhalten aber ist anders."
Der Einsatz eines Apparates kann durchaus nur Selbstzweck sein. Dann würden wir im Menschen nur einen Funktionsträger sehen und uns mit der Überzeugung, alle technischen Möglichkeiten aufgeboten zu haben, nur allzu leicht und gefährlich beruhigen. Die Rolle eines Ingenieurs, eines Manipulators einer auf technische Perfektionierung ausgerichteten Gesellschaft würde der Arzt dann übernehmen. Sein Heilethos wäre preisgegeben und sein Beruf mit einem Job vertauscht, der bereits

ausgefüllt wäre, wenn z.B. die Durchführung moderner Wiederbelebungs- und Intensivtherapiemaßnahmen das Wiederauftreten eines normalen EKG bewirkt hätte und sein Fortbestehen sicherte. Der Diktatur der Dinge würde er sich und seine Patienten ausliefern, und nicht einmal der Mensch wäre mehr das „Maß aller Dinge" (*Plato,* Theätet 152). Einer solchen Verhaltensweise läge, wie zuweilen auch auf anderen Gebieten, eine maßlose Überschätzung dessen zugrunde, was exakt naturwissenschaftlich verstehbar und damit auch technisch machbar ist, und ein derartiges Mißverständnis nährte sich vom Glanz materieller Erfolge.

Arzt-Patient-Verhältnis – eine technische Begegnung?

Das Erringen materieller Erfolge darf jedoch der Arzt-Patient-Begegnung nicht allein zugrunde liegen. Dann würde der Patient zu einem Objekt der naturwissenschaftlichen Betrachtungsweise und sein Verhältnis zum Arzt zu einer technischen Begegnung. Gerade dieses Verhältnis muß aber von einem Vertrauen getragen bleiben, das in der Vielfalt menschlicher Begegnungen ohne Gleichnis ist. Es würde mißbraucht, wenn das Ziel ärztlicher Bemühungen in der Erringung eines technischen Erfolges gesehen wird, der vielleicht noch von den Organen der allgemeinen Publizistik mit dem Glanz einer medizinischen Sensation umgeben wird. Der Eitelkeit der Beteiligten wäre geschmeichelt, und deren Mitspielen auf dem Jahrmarkt der Eitelkeit würde mit der modernen Entwicklung der Information und Aufklärung zu entschuldigen versucht.
Die manipulative Technik, die zweifellos und im Prinzip berechtigterweise allen ärztlichen Maßnahmen zugrunde liegt, muß zugleich immer wieder der Frage ausgesetzt werden, „ob sie völlig frei ihrem immanenten Zug folgen dürfe" (*Böckle* 1970).
Zur Verdeutlichung einer solchen Situation sei es gestattet, ein von *Hamburger* (1966) beschriebenes Beispiel kurz anzuführen:

Beispiel 10: 17jähriges Mädchen
Einlieferung in das Hospital Necker, Paris, im Zustande einer schwersten allgemeinen Infektion mit Krämpfen, totalem Koma, Atemstörungen, Hypotonie, Anoxie. Sofortige Beatmung mit dem Engström-Respirator. Keine Pupillenreaktion, flaches EEG, Körperkerntemperatur 34,5°C. EKG nahezu normal. Sicherung eines ausreichenden Blutdruckes mit Noradrenalininfusionen. Besserung der Urämie durch Dialyse, Ausgleich des Elektrolythaushaltes. Idiomuskuläre Reflexe erhalten.
Nach Fortbestehen dieses Zustandes ohne Rückkehr einer neurologischen Aktivität konsiliarische Zuziehung des Neurologen *F. Lhermitte.* «Il demeura longtemps dans la chambre, examina la malade avec la plus grande attention, puis, ressortant dans le couloir, nous dit ces paroles dont je me souviendrai toujours: ‚Je crois que cette malade est morte depuis plusieurs jours.' Peu après, la pression artérielle fléchit et le coeur s'arrêta.» („Er blieb lange in dem Zimmer, untersuchte die Patientin mit der größten Aufmerksamkeit und sagte uns dann beim Hinausgehen auf den Flur jene Worte, deren ich mich stets erinnern werde: ‚Ich denke, daß diese Patientin seit mehreren Tagen tot ist.' Kurz danach fiel der arterielle Blutdruck ab und erlosch die Herzaktion.")
Die fünf Stunden später durchgeführte Autopsie bestätigte im Gehirnbefund den bereits mehrere Tage zuvor eingetretenen Hirntod: diffuse Erweichung der gesamten grauen Substanz, Zeichen der Nekrose und Autolyse in allen Hirnabschnitten.

Es sei die Bemerkung gestattet, daß in diesem Falle die technischen Mittel, z.B. der Respirator, eingesetzt worden waren, um das in der Lebensverlängerung gesehene Ziel zu erreichen. Es war aber faktisch bereits seit Tagen nicht mehr erreichbar gewesen, also war auch der Einsatz der Mittel ungerechtfertigt. Man hatte nur noch die Möglichkeit zur Erhaltung vegetativer Funktionen, zur „Vitalkonservierung einzelner Organe" (*Thielicke* 1970) – «le cerveau déjà en voie d'autolyse irréversible» (*Hamburger* 1966).
Medizin kann nicht nur Naturwissenschaft und Technik sein, da der Mensch mehr ist als naturwissenschaftliches Objekt. Mit Wiegen, Messen und Zählen allein kann man ihn nicht erfassen:

> „Was ihr nicht faßt, das fehlt euch ganz und gar.
> Was ihr nicht rechnet, glaubt ihr, sei nicht wahr.
> Was ihr nicht wägt, hat für euch kein Gewicht;
> Was ihr nicht münzt, das, glaubt ihr, gelte nicht."
>
> (*Goethe:* Faust II,1)

Die ausschließliche Definition und Betrachtung des Menschen als eine Kette von Sauerstoff-, Stickstoff-, Wasserstoff- usw. -atomen, wie es z.B. der amerikanische Genetiker *Lederberg* tut, führt zu einem Verlust der Ethik und zu Einbußen im gesamten menschlichen Gefühls- und Geistesleben (*Heitler* 1970).
Selbst führende Naturwissenschaftler bekennen unüberhörbar die Begrenzung ihres Faches, wenn es sich um die Erfassung des Menschen und seiner Sphäre handelt: „Ich glaube, es ist wichtig, hier auch wissenschaftlich oder – wenn ich für einen Augenblick dieses Wort gebrauchen darf – philosophisch zu sehen, daß die Wirklichkeit – selbst die unbelebte Natur und noch viel mehr der Mensch – nicht etwas ist, was man wahrheitsgemäß beschreibt, wenn man es beschreibt als eine Gesamtheit von Objekten, die nach Gesetzen funktionieren, die man technisch manipulieren kann. Gerade in der menschlichen Natur zeigt sich, daß der Verstand . . . das, was der Mensch eigentlich ist, nicht erfaßt . . . , daß wir also sehen, daß es im menschlichen Wesen etwas gibt, was nicht in unserer Macht, nicht einmal in der Macht unseres Denkens liegt" (*v. Weizsäcker* 1967b).
So sollten wohl gerade die klinisch tätigen Mediziner, wobei ich auch uns Anästhesisten nicht ausnehme, den in den letzten Jahren vorgetragenen Mahnungen der Vertreter anderer Wissensgebiete (reine Naturwissenschaften, Philosophie, Theologie, Jurisprudenz, Soziologie) ein offenes Ohr schenken.

Verlängerung des Lebens um jeden Preis
(Fragen nach dem Sinn unserer Maßnahmen)

Jores hatte 1967 ausgesprochen, was auch allen Betrachtungen unserer Verhaltensweise im Grenzbereich zwischen Leben und Tod aus ethischer Sicht zugrunde liegen sollte: „Über allem Tun des Menschen sollte die Frage nach dem Sinn stehen." Auch führende Juristen gestehen durchaus, wie gezeigt werden konnte, dem Arzt das Recht zu dieser Frage zu, gerade in den Grenzsituationen.
Keinem Zweifel kann und darf unterliegen, daß es aus rechtlichen, moralisch-ethischen und religiösen Gründen dem Arzt untersagt ist, das Leben seines Patienten aktiv zu beenden, auch wenn er vom Mitleid überwältigt zu werden droht. „Kei-

nem menschlichen Wesen kann eine solche Autorität zugebilligt werden, ohne daß es in Gefahr gerät, seiner Urteilskraft zu viel zuzumuten“ (*Nissen* 1964). Etwaige Zweifel, selbst in Grenzfällen, müssen und sollten für alle Zukunft durch die Aufdeckung der Beteiligung von Ärzten an den nazistischen Tötungsaktionen beseitigt sein (*Mitscherlich u. Mielke* 1960; *Ehrhardt* 1965, 1966; *Simson* 1964).
Das entgegengesetzte Extrem ist das Bestreben, *Leben in jeder Form, mit allen Mitteln und um jeden Preis zu erhalten.* Dazu ist der Arzt, wie im Abschnitt über juristische Gesichtspunkte dargelegt wurde, auch vom Recht her nicht verpflichtet, vom moralisch-ethischen Gesichtspunkt aus nicht einmal berechtigt.

> “Thou shalt not kill; but needst not strive
> Officiously to keep alive” (*A. H. Clugh, s. Thorpe* 1969).

Dies gilt erst recht, wenn mit der Verlängerung des „Lebens“ eine *Verlängerung der Qualen des Patienten* verbunden ist. Diese Mahnung kann wohl nicht besser ausgedrückt werden als mit *Shakespeares* Worten:

> “Vex not his ghost: O! let him pass; he hates him
> That would upon the rack of his tough world
> Stretch him out longer”   (Kent in “King Lear” V,3)

> („Quält seinen Geist nicht! Laßt ihn zieh’n! Der haßt ihn,
> Der auf die Folter dieser zähen Welt
> Ihn länger spannen will“   (Übersetzung von *Wolf Graf Baudissin*)

Wenn es schon im gegebenen Fall nicht im Vermögen der Medizin liegt, das Grundleiden zu beseitigen und dem Patienten seine Gesundheit zurückzugeben, so darf wohl der Preis für eine mögliche Lebensverlängerung, vielleicht nur um wenige Stunden oder Tage, nicht der furchtbarer Qualen sein; unter Umständen waren sie ihm sogar durch den natürlichen Krankheitsverlauf vor unserem Eingreifen genommen und wurden ihm erst durch uns zurückgegeben (vgl. Beispiel 4, S. 5). Bei der konsequenten Verfolgung des Prinzips der „Lebenserhaltung mit allen Mitteln und um jeden Preis“ tut sich der *Weg des Inhumanen* nur gar zu leicht auf.
Auch müssen wir bei genügend kritischer retrospektiver Betrachtung eingestehen, daß wir in manchen Situationen zwar eine Verlängerung des Lebens erzielen können, die aber eine Verlängerung des unaufhaltsamen Sterbens bedeutet, eine Verzögerung des Sterbevorgangs zwischen dem Zeitpunkt der Irreversibilität und dem Tode.
Ein an sich gutes Mittel, das der Lebensverlängerung, würde dann für den Kranken zu nachteiligen Konsequenzen führen. Eine Situation würde geschaffen, wie sie *Goethes* Mephisto kennzeichnete:

> „Vernunft wird Unsinn, Wohltat Plage.“

Was für viele andere Lebensbereiche mit zunehmender Deutlichkeit gilt, kann auch von der heutigen Medizin nicht unbeachtet bleiben: daß *nicht alles gut* ist, *was sich technisch durchführen läßt.* “The more we know how to do things, the more we shall need to know just what we really want to do . . .” (*Sir Th. Fox* 1965).

Opponieren gegen den Tod

Der Tod ist auch dem Menschen gesetzt, und vor diesem ehernen Gesetz hat sich bisher jeder Arzt im Kampf um das Leben seines Patienten letzten Endes beugen müssen (Abb. 6).

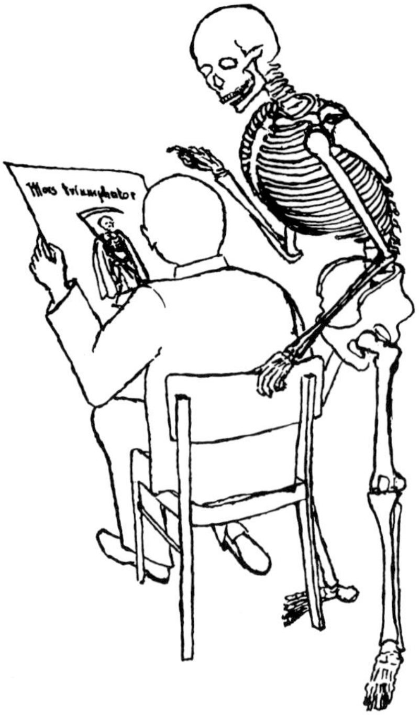

Abb. 6. „Fachleute unter sich: Mors triumphator!" von *Werner Block* (aus: *W. Block:* Der Arzt und der Tod. Enke, Stuttgart 1966)

Darf er dann noch opponieren, wenn der Moment der Irreversibilität im Sterbeprozeß nach menschlichem Urteil bereits erreicht ist; versuchen, Organe oder Organsysteme für Stunden oder Tage oder Wochen „am Leben" zu erhalten? Führt ihn dann nicht eine übertriebene Fortschrittsgläubigkeit dazu, in der Erringung eines solchen „Erfolges", eines Pyrrhussieges, die Bestätigung für die Richtigkeit seiner Verhaltensweise und seiner durchgeführten Maßnahmen zu erkennen?

Albert Schweitzers Forderung der „Ehrfurcht vor dem Leben" schließt die Ehrfurcht vor dem Tode nicht aus; im Gegenteil, sie gehören zusammen, wie Leben und Tod zusammengehören.

Das Prinzip des Helfens und Dienens zum Wohle des Patienten hat doch im Vergleich mit dem der „Lebenserhaltung mit aller Konsequenz" als das Höhere zu gelten.

Wenn es auch feststeht, daß der Arzt sich grundsätzlich einer Tötung auf Verlangen des Patienten zu widersetzen hat, so gibt es doch heute kaum noch Einwände dagegen, einem Sterbenden den unabwendbaren Todeskampf zu erleichtern (*Ehrhardt* 1966; *Mörl* 1965), wenn also der Moment der Irreversibilität im Sterbevorgang erreicht ist. Die Verabreichung von Analgetika mit dem festen Ziel (!) der Erleichterung der Qualen ist selbst dann erlaubt, wenn damit möglicherweise eine Verkürzung des Lebens des Patienten verbunden ist. Nach Meinung der Juristen ist es entscheidend, daß der Arzt „die spezielle todbringende Wirkung nicht in seinen Vorsatz aufnimmt oder sie ohne Fahrlässigkeit nicht voraussieht" (*Kohlhaas* 1969). „Vielmehr wird Körperverletzung begangen, wenn der Arzt dem Todgeweihten die Linderung des Sterbens verweigert" (*Bockelmann* 1968a)! Die Hilfeleistungspflicht endet erst mit dem Tod des Patienten.

Von moraltheologischer Seite werden Bewußtseinstrübung und Lebensverkürzung als alleiniger Zweck einer Maßnahme der Sterbehilfe abgelehnt, dagegen der unvermeidliche Doppeleffekt (actio duplicis effectus) von Schmerzlinderung mit Bewußtseinstrübung und das Prinzip „voluntarium in causa" akzeptiert. Jeder erfahrene Kliniker muß bekennen, daß die Unterscheidung zwischen einer Sterbehilfe ohne und einer solchen mit Lebensverkürzung am Sterbebett eine weitgehend theoretische Konstruktion ist. Hier verhindert die Vielschichtigkeit der gegebenen Sachverhalte die Zuordnung zu positivrechtlichen Kategorien. Das Verhalten des Arztes an der Grenze zwischen Leben und Tod ist nicht nur nach allgemeinstrafrechtlichen, sondern auch nach spezifisch-ethischen Gesichtspunkten zu beurteilen, deren Einhaltung und Sicherung ja das Hauptanliegen des Rechts ist. Deshalb hat *Ehrhardt* (1966) „die Grenzen der nur justizförmigen Betrachtungsweise ärztlichen Handelns" mit Recht hervorgehoben.

Richtschnur für unser Handeln muß die Wahrung der Menschlichkeit sein, so wie es im vom Weltärztebund 1948 formulierten *„Genfer Gelöbnis"* festgelegt ist:

> „Ich werde die äußerste Achtung vor dem menschlichen Leben von der Empfängnis an bewahren und selbst unter Bedrohung meine ärztlichen Kenntnisse nicht im Widerspruch zu den Gesetzen der Menschlichkeit anwenden."

Sinngemäß sind diese Pflichten und ethischen Grundsätze auch in die Berufsordnungen der deutschen Ärztekammern aufgenommen worden, und auf der *XXV. Generalversammlung des Weltärztebundes* vom 12. – 18.9.1971 in Ottawa wurden sie erneut bestätigt. Dort forderte *R. R. Winton,* Vorsitzender des "Medical Ethics Committee", daß sowohl der gesunde Menschenverstand wie die Berücksichtigung der modernen medizinischen Gegebenheiten und andererseits die notwendige Rücksichtnahme auf den einzelnen Patienten für den Arzt das wichtigste Bollwerk gegen die Gefahr von Verzerrungen der Maxime seiner Berufsausübung durch unsere technische Welt bleibt.

Die Durchführung einer Maßnahme der *Wiederbelebung oder Intensivtherapie kann und darf nicht Selbstzweck sein* und z.B. nicht dazu führen, daß eine künstliche Beatmung bei einem „Patienten" begonnen wird, dessen Gehirn bereits irreversibel geschädigt ist, wenn es sich also nur noch „um ein personalentleertes Gefäß des humanum handelt" (*Thielicke* 1970). Dann ist mit dem irreparablen Ausfall des Selbstbewußtseins jene untere Grenze erreicht, die zwischen humaner Existenz und biologischem Präparat besteht. Hier endet der Heilauftrag des Arztes (*Wachsmuth* 1967).

So kann es heutzutage dem Arzt nicht als Vernachlässigung seines Heilauftrages angelastet werden, sondern ihm in Befolgung der Gesetze der Menschlichkeit geboten sein, von vornherein auf eine technisch durchführbare Behandlung zu verzichten.

Verzicht auf eine Therapie

Der Heilauftrag des Arztes endet zweifellos mit dem Tode des Patienten, und auch nach den Bestimmungen der Rechtsordnung erstreckt sich die Hilfeleistungspflicht des Arztes nur bis zu diesem Zeitpunkt. Aus den Darlegungen zur Definition des Todes ergab sich aber, daß wir ihn nicht mehr als ein Augenblicksereignis auffassen können. *Die Aussichtslosigkeit einer Rettung beginnt zumeist bereits vor dem vom Arzt festgestellten Todeszeitpunkt.* Wenn auch der Patient bis zum Tode unseren Beistand verdient und uns dies auch aufgrund der rechtlich festgelegten Hilfeleistungspflicht obliegt, so gleicht der Einsatz aller verfügbaren Therapiemöglichkeiten während des irreversiblen Sterbevorgangs jedoch einem Opponieren gegen den unaufhaltsamen Tod.
Um nicht einer solchen Hybris zu verfallen, kann sich der Arzt verpflichtet fühlen, von vornherein auf eine Behandlung zu verzichten. Selbstverständlich *muß dabei jeglicher Zweifel an der infausten Prognose ausgeschlossen sein,* und alle verfügbaren Symptome müssen die Unmöglichkeit der Rettung des Patienten beweisen. In vielen Situationen kann diese Sicherheit nicht gewonnen werden. Dann muß selbstverständlich unser gesamtes modernes medizinisches Rüstzeug in adäquater Form, zielstrebig und im Hinblick auf die kurze Wiederbelebungszeit des Gehirns schnellstens und ohne Zögern zum Einsatz kommen.
Andererseits nehmen heutzutage durch die besseren Möglichkeiten der Diagnostik, aber auch durch die Zunahme der Zahl und des Schweregrades der Unfälle diejenigen Situationen zu, in denen wir aus den erläuterten Gründen den Mut aufbringen müssen, die Grenzen unseres Vermögens zuzugeben und auf die Einleitung einer Behandlung von vornherein zu verzichten; damit ist nicht gesagt, daß, vor allem bei wachen Patienten, jegliche Hilfeleistung des Arztes, vielleicht zur Linderung entsetzlicher Qualen, ausgeschlossen ist; im Gegenteil, gerade der Sterbende bedarf unseres Beistandes (*Eisenburg* 1972; *v. Kress* 1960; *Schöllgen* 1953).
Das Problem einer solchen Situation wird zuweilen mit dem Ausdruck Unterlassung wiedergegeben, worin bereits die moralische und juristische Wertung einer unterlassenen Pflichterfüllung enthalten ist. Mit den vorhergehenden Ausführungen glaube ich aber bewiesen zu haben, daß der Entschluß zur Durchführung aller heute in Frage kommenden Maßnahmen zweifellos leichter zu fassen ist als nach gewissenhafter Prüfung der Umstände sich unter dem Druck bitterer Erkenntnis zum Verzicht auf diese Behandlungsmöglichkeit durchzuringen.
Daß gerade bei Patienten im *Kindesalter* ein solcher Entschluß besonders schwerfällt, braucht wohl nicht weiter erläutert zu werden. Hier rechtfertigen die besseren Rekreations- und Kompensationsmöglichkeiten den Versuch einer Rettung, auch noch in fast aussichtslos erscheinenden Situationen (s. Beispiel 7, S. 33), bei dem wir trotz aller Zweifel die Therapie fortgesetzt haben). Man sollte sich dann eher vom negativen Ausgang eines Besseren belehren lassen als auch nur einmal eine Chance vergeben zu haben.
Andere Situationen zeigen indessen leider schon von vornherein die Unmöglichkeit medizinischer Hilfe, wie es das folgende Beispiel erkennen läßt:

Beispiel 11: 8jähriger Junge
Am 19.10.1971 Sturz beim Spielen in eine Baugrube. Sofort tief bewußtlos und Aspiration. Nach Intubation und Versorgung einer Stirnplatzwunde in einem auswärtigen Krankenhaus Einlieferung in die hiesige Klinik: Schnappatmung; tiefe

Bewußtlosigkeit; Blutdruck 190/90 mmHg nach RR, Puls 90/min, Druckpuls; Monokelhämatom; Blut und Liquor aus Mund, Nase und linkem Ohr, aus dem sich auch Hirnbrei entleerte. Traumatische Verlagerung des linken Ohres mit den angrenzenden Schläfenpartien nach vorne und unten (Abb. 7).

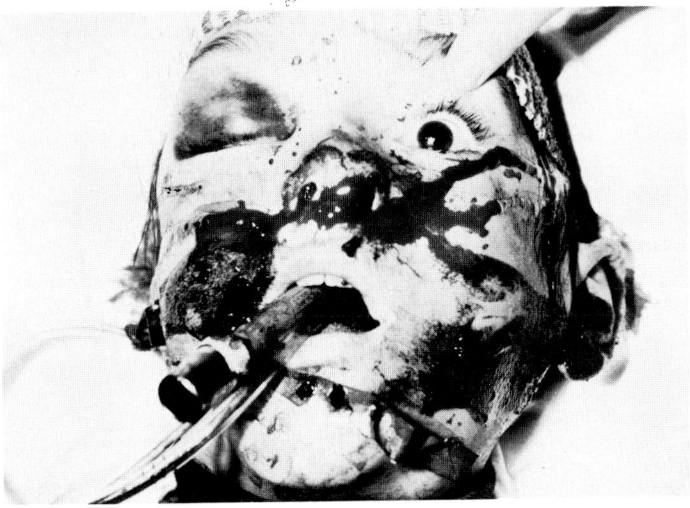

Abb. 7. Traumatische Verlagerung des linken Ohres und der angrenzenden Schläfenpartien

Aufgrund dieser sehr schweren Schädel-Hirn-Verletzung wurde nach Beurteilung durch die diensthabenden neurochirurgischen Kollegen von vornherein auf jegliche Therapie verzichtet. Die klinischen Befunde waren Beweis genug zur Feststellung des Hirntodes, obwohl noch eine schwache Schnappatmung und Herzaktionen (Abb. 8) vorhanden waren.

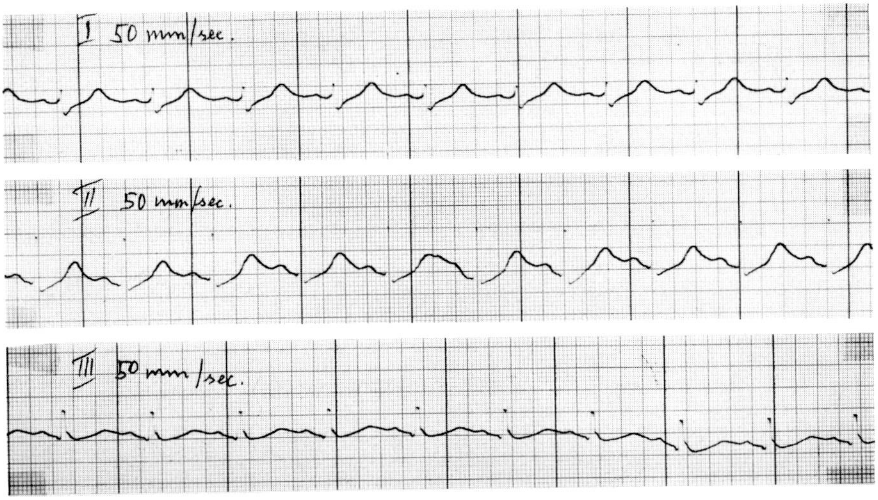

Abb. 8. EKG des 8jährigen Jungen. Noch vorhandene Herzaktionen nach klinisch festgestelltem Hirntod bei sicher infauster Prognose

Gerade wir Anästhesisten werden mit solchen Situationen oft zuerst konfrontiert. In Kenntnis unserer Fachgrenzen, in Ermangelung ausreichender Beurteilungsmöglichkeiten und zur Wahrung jeder Chance müssen wir dann oft einen Rettungsversuch einleiten, bis kompetentere Kollegen zugezogen sind. Auch für einen Vertreter der anderen Fachdisziplin kann die Beurteilung sehr schwierig sein, wenn er nicht über langjährige umfangreiche Erfahrungen verfügt. Auch diese Problematik soll durch ein Beispiel unterstrichen werden:

Beispiel 12: 7jähriger Junge
Am 15.8.1970 schwere Verletzung durch einen Mähdrescher. Kurz danach Einlieferung in die hiesige Klinik: Schnappatmung, livide verfärbte Lippen; beiderseits mittelweite, lichtstarre Pupillen (Abb. 9); Streckkrämpfe; massive Blutung aus Mund und Nase; Blutaspiration. Peripherer Puls schwach, aber regelmäßig; rechts temporoparietal ausgedehnte traumatische Trepanation, aus der beträchtliche Teile der rechten Hirnhemisphäre heraushängen (Abb. 10).

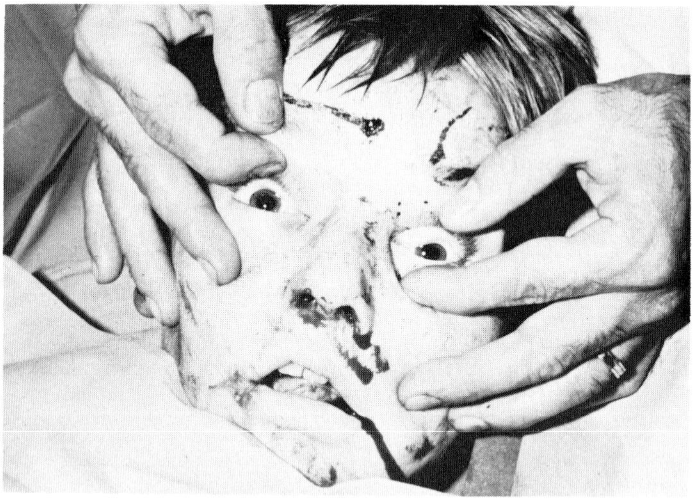

Abb. 9. Der 7jährige Junge kurz nach der Klinikeinlieferung

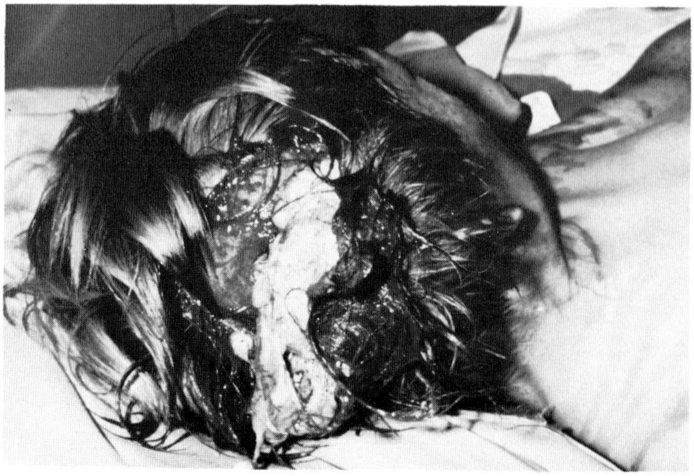

Abb. 10. Traumatische Trepanation mit Teilprolaps der rechten Hirnhemisphäre (gleicher Patient wie Abb. 9)

Therapie: Einleitung der Wiederbelebungsmaßnahmen mit Intubation, Beatmung, Schockbekämpfung; Herzmassage zur Behebung des etwa 25 min nach Klinikaufnahme eingetretenen Herzstillstandes.
Auf weitere Reanimationsbemühungen oder eine operative Behandlung wurde verzichtet, nachdem der inzwischen eingetroffene neurochirurgische Oberarzt die Prognose für absolut infaust erklären mußte.

Epikritisch darf dazu festgestellt werden, daß für den erfahrenen Neurochirurgen die Beurteilung der Situation eindeutig war, für die zunächst zugezogenen Anästhesisten und den jüngeren neurochirurgischen Assistenten war sie es jedoch nicht gewesen. Sie hatten – wie es ihr Fachgebiet oft mit sich bringt – unter dem Zwang des Augenblicks und des Handelns gestanden und die Wiederbelebungsmaßnahmen eingeleitet; auch war der Kreislauf bei der Einlieferung des Jungen noch nicht zum Erliegen gekommen, und schließlich sind bei Kindern die Reanimationsaussichten günstiger zu beurteilen. Die genaue Erkennung des Ausmaßes der Hirnzerstörung ließ nur die Entscheidung des Verzichts auf weitere Maßnahmen zu.

Die klinischen Befunde in diesen beiden Fällen waren so eindeutig gewesen, daß auf weitere diagnostische Maßnahmen zur Feststellung des Hirntodes, wie sie in der Stellungnahme der Deutschen Gesellschaft für Chirurgie aufgeführt sind (z.B. EEG und Karotisangiographie, Wiederholung in angemessenem Zeitabstand), und auch auf weitere therapeutische Maßnahmen verzichtet werden konnte. Der Hirntod mußte mit ausreichender Sicherheit als bereits eingetreten angenommen werden.
Es wäre widersinnig, wenn man unter strenger Auslegung der Rechtsvorschriften für diese Fälle den Vorwurf der unterlassenen Hilfeleistung oder gar der fahrlässigen Tötung erheben wollte, obwohl es sich beide Male um Kinder und damit um Kranke mit besseren Reanimationsaussichten und um nicht strenge Beachtung der oben erwähnten, allgemein anerkannten Empfehlungen über die Todesfeststellung handelte.
Die Häufigkeit solcher schweren Verletzungen hat aber in den letzten Jahren leider so zugenommen, daß dabei die Beurteilung allein der klinischen Befunde durch erfahrene Neurochirurgen für die Entscheidung eines Verzichts auf eine Therapie bzw. für die Feststellung des Hirntodes ausreichen muß.
Diese Notwendigkeit wurde bereits von *Kautzky* als Leiter des Rundgesprächs „Der zentrale Atemstillstand, eine ärztliche Konfliktsituation“ auf der *Jahrestagung der Deutschen Gesellschaft für Neurochirurgie vom 19.–22.6.1968 in Göttingen* angedeutet: „Die Feststellung des Todes ist zumindest in einem Teil der uns interessierenden Fälle nicht von allerletzter Bedeutung, wie das häufig behauptet wird, sondern in einer ganzen Reihe von Situationen hat die Aussichtslosigkeit des Falles größere Bedeutung. Es kann auch ein noch nicht Toter aussichtslos verloren sein.“
Auch nach Meinung von *Loew* (1969) muß und kann man gelegentlich *vom unmittelbar sichtbaren Ausmaß der Hirnzerstörung auf den Hirntod schließen.*
Ebenso mißt *Beecher* (1969a), der Vorsitzende des Ad-Hoc-Komitees der Harvard-Universität für die Definition des Hirntodes, bei schwersten Schädel-Hirn-Verletzungen der Beurteilung durch einen erfahrenen Neurochirurgen entscheidenden Wert zu: “. . . when a competent neurosurgeon explores a head wound and finds the brain transected, there certainly is no need to await the development of the criteria of irreversible coma and a 24-hour check on them.” („. . . wenn ein kompetenter Neurochirurg eine Schädelverletzung exploriert und dabei das Ge-

hirn zerstört findet, dann besteht keine Notwendigkeit, die Entwicklung der Kriterien eines irreversiblen Komas und den Verlauf über 24 Stunden abzuwarten.“)
Allerdings ist zur Beweissicherung und zur Vorbeugung gegen etwa später doch erhobene Vorwürfe *unbedingt zu einer Obduktion zu raten,* wie es auch im Beispiel 11 bei dem 8jährigen Jungen geschehen ist:

Obduktion: Auszug: Contusio cerebri mit Substanzverlust im Bereich des linken Gyrus temporalis inferior. Geringe intrakranielle Blutung. Schweres Hirnödem (Hirngewicht 1400 g, normal 1130 g nach *Rieger,* zit. bei *Rössle u. Roulet* 1932) (Abb. 11).

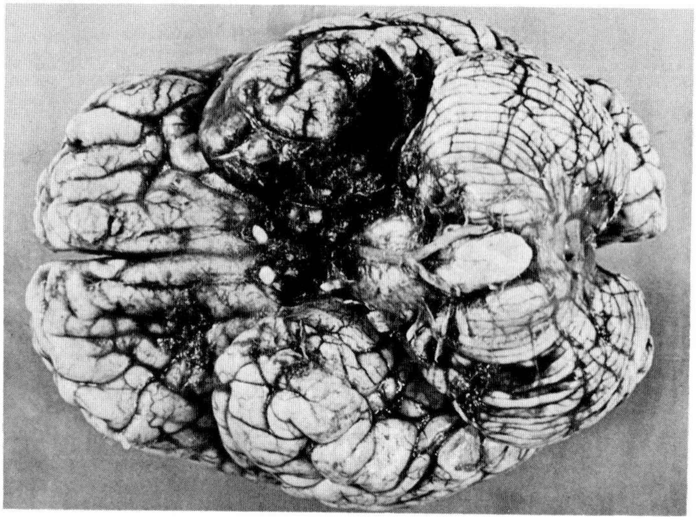

Abb. 11. Ausgeprägtes Hirnödem nach traumatischem Hirntod (8jähriger Junge, Beispiel 11)

Mehrere querverlaufende Schädelbasisfrakturen, Monokelhämatom rechts. Ausgedehnte handtellergroße Hämatome der Kopfschwarte über beiden Schläfenbeinen, dem rechten Os frontale und dem rechten Anteil des Os occipitale.

Grundkrankheit: schweres offenes Schädel-Hirn-Trauma.
Todesursache: zentraler Tod.

Somit wurde der Beweis für die Richtigkeit der gestellten Diagnose und für die Berechtigung des Verzichts auf weitere Diagnostik und Behandlung erbracht.

Unverständlich erscheint die in diesem Zusammenhang in den letzten Jahren wiederholt beobachtete Verfahrensweise der Ermittlungs- und Gerichtsbehörden mit Verzicht auf die Durchführung von Obduktionen in Fällen, bei denen eine äußere Gewalteinwirkung zugrunde lag, ja sogar dann, wenn auf dem Leichenschauschein der ausstellende Arzt die Todesursache als „unbekannt“ bezeichnen mußte.
Es ist daher nicht verwunderlich, vielmehr vollauf berechtigt, daß *H.-J. Wagner* (1969) unser heutiges Leichenschauwesen als „Leichenschauunwesen“ und auch die gegenwärtig gültige Obduktionsregelung kritisierte und auf die *u. U. verhängnisvollen Folgen unterlassener Obduktionen* nachdrücklich hinwies.
Welche *ernsten Konfliktsituationen* sich auch bei der Betreuung von Patienten ohne schwere Schädel-Hirn-Verletzungen ergeben können, möchte ich an folgendem Beispiel aufzeigen:

Beispiel 13: 42jährige Frau
16.6.1971 Einlieferung nach Sturz auf der Kellertreppe mit starken Schmerzen im Kopf und im Bereich der Halswirbelsäule. Komplette Querschnittslähmung infolge einer Luxationsfraktur C 3/4. Kreislauf stabil. Nur noch insuffiziente Zwerchfellatmung. Auch Interkostalmuskeln ausgefallen. Blasen-Mastdarm-Lähmung.

Diagnose: vollständige motorische Querschnittslähmung unterhalb C 3.

Therapie: Sofortige Intubation und Reposition der Luxation in Allgemeinanästhesie und Anlegen einer Crutschfield-Klemme mit Extension. Apparative Dauerbeatmung erforderlich, zunächst assistiert, später kontrolliert. Tracheotomie am 2. Tag nach der Klinikaufnahme. Intensivtherapie, u.a. laufend Infusionen, Kreislaufunterstützung, Flüssigkeitsbilanzierung, Antibiotika; Röntgen-, Blut-, Elektrolyt- und Blutgaskontrollen; Kranken- und Atemgymnastik; Extrawachen Tag und Nacht; kontinuierliche apparative Überwachung; enterale und parenterale Ernährung. Erfolgreiche Behandlung von wiederholten Pneumonien mit Antibiotika.
Patientin war ansprechbar und empfing Besuche ihrer Angehörigen. Sie konnte jedoch mit ihrer Umwelt nur durch Lippenbewegungen in Kommunikation treten. Durch entsprechende psychische Führung wurde die Patientin in hoffnungsvoller Stimmung gehalten, obwohl eine Besserung nicht mehr zu erwarten war. Ohne Unterstützung des Respirators konnte die Patientin nur wenige Minuten insuffizient spontan atmen, dann stellte sich eine bedenkliche Zyanose ein.

30.8.1971: Kurzfristiger Kreislaufstillstand mit Bewußtlosigkeit, lichtstarren Pupillen. Beseitigung dieses Zustandes mit extrathorakaler Herzmassage und Akrinor.

4.9.1971:
9.9.1971:
11.9.1971: } Jeweils Kreislaufversagen, Behandlung mit Lanicor und Akrinor.
14.9.1971:
28.9.1971:

29.9.1971: Erneuter Kreislaufstillstand, ließ sich nur mit extrathorakaler Herzmassage beheben.

Auch in den nächsten Tagen wiederholten sich ähnliche Erscheinungen, die wohl auf zunehmende hypoxische Schäden infolge der bei Dauerbeatmung kaum vermeidbaren Bronchopneumonien zurückzuführen waren. In den Intervallen war jedoch die Patientin bewußtseinsklar und zeigte volles Interesse an ihrer Umwelt. Die Spastik an den Extremitäten hatte zugenommen.

16.10.1971: Wiederholte Kreislaufstillstände, so daß wir mehrfach entsprechende Reanimationsmaßnahmen einleiten und aufrechterhalten mußten. Zunehmende Verschlechterung der Kreislaufsituation. Die Patientin wurde bewußtlos. Verschwinden des peripheren Pulses.

13.15 Uhr Aussetzen des Herzschlages. Exitus letalis.

Epikritische Betrachtungen: Keinem Zweifel kann unterliegen, daß die Patientin nach der Klinikaufnahme der Intensivtherapie mit Respiratorbeatmung und allen übrigen dazugehörigen Maßnahmen zugeführt werden mußte, zumal im Anfangsstadium die Prognose nicht sicher zu beurteilen war und mit einer Besserung gerechnet werden konnte (erst einige Monate zuvor hatten wir bei einem Patienten mit Querschnittslähmung Th 4 und daher erforderlicher Beatmung über mehrere Wochen eine derartige Besserung erlebt, daß er mit Spontanatmung und nach reichlich einem Jahr aus der Klinik nach Hause hatte entlassen werden können).

Nach ca. vier Wochen intensiver Therapie war jedoch bei der 42jährigen Patientin mit Sicherheit anzunehmen, daß sie für ihr weiteres Leben auf die Respiratorbeatmung angewiesen sein würde. Sie mußte ihr gesichert werden wie Ernährung und allgemeine pflegerische Betreuung, worunter ich die Befriedigung der Grundbedürfnisse verstehen möchte.

Es drängt sich aber unerbittlich die Frage auf, ob auch die Kreislaufstillstände immer wieder aktiv behoben werden mußten und durften, ob also eine Herzmassage in diesem Fall gleichrangig mit der Ernährung, Beatmung und pflegerischen Betreuung ist. Kann man den Grundsatz befolgen, daß zu einer einmal eingeleiteten Behandlung auch alle modernen technischen Möglichkeiten gehören, daß man also auch in der Therapie das „Alles-oder-Nichts-Gesetz" befolgen muß? Aufgrund der bisherigen Ausführungen muß diese Frage in diesem Fall eher verneint werden. Oder hätte man bei Unwirksamkeit der extrathorakalen Herzmassage auch eine Thorakotomie durchführen sollen – vielleicht auch, da es zu mehreren Herzstillständen gekommen war, zu wiederholten Malen? Wohl nicht, doch wird man in der Beantwortung unsicher, wenn man berücksichtigt, daß es sich bei der Patientin nicht um einen Hirntod handelte, daß also ihre Mensch-Qualität erhalten war. Dann hatte sie also auch Anspruch auf die Ausschöpfung aller modernen Behandlungsmöglichkeiten, um sie am Leben zu erhalten?

Indessen muß man sich die Frage stellen: Handelte es sich bei der Patientin um einen Leidenszustand – ihre Hoffnung auf Besserung war unbegründet und nur auf geschickte psychische Führung zurückzuführen – und wurde er durch unsere aktiven Maßnahmen (z.B. Herzmassage), die doch über die Befriedigung der Grundbedürfnisse hinausgingen, verlängert? Wurden die Qualen der Patientin künstlich in die Länge gezogen? Diese Fragen müssen doch wohl bejaht werden.

Erfahrungsgemäß sind die Aussichten quo ad vitam bei so hohen Querschnittslähmungen als infaust zu bezeichnen, und der Zustand der Patientin hatte sich trotz Beatmung und sorgfältiger Pflege, Überwachung und Behandlung laufend verschlechtert. So waren auch die sich häufenden Herzstillstände auf chronische Hypoxieschäden zurückzuführen.

Im Hinblick auf die infauste Prognose und unter Zugrundelegung der Ausführungen des gerichtsärztlichen Ausschusses des Schwedischen Reichsgesundheitsamtes (S. 49) darf wohl gesagt werden, daß die Patientin „im Sterbebett" lag.

Weitere Fragen drängen sich auf: Verstößt nicht die Verlängerung der durch den natürlichen Ablauf beendeten Qualen gegen die Gesetze der Menschlichkeit, und haben wir das Recht, sie einem Patienten aufzuzwingen? „Darf der Arzt in dem Bewußtsein, weder heilen noch helfen zu können, Leiden verlängern?" (*Ehrhardt* 1965).

Nach der Beseitigung eines jeden Herzstillstandes blieb der Leidenszustand der Patientin erhalten, und zwar in einem Ausmaß, das sich nur mit wenigen anderen schweren Krankheitszuständen vergleichen läßt.

Diese Umstände stehen auch im Gegensatz zu den wiederholt beobachteten Herzstillständen bei einem Tetanuspatienten, über den *Bihler u. Wendlberger* (1967) aus unserem Klinikum berichtet haben und dessen Grundleiden die Stellung einer günstigen Prognose zuließ, so daß also die Herzmassagen als sinnvoll angesehen werden mußten.

Gleichfalls kann man die Situation der 42jährigen Patientin nicht mit der von Poliomyelitiskranken mit Atemlähmung vergleichen, da bei diesen eine periphere Atemlähmung vorliegt und fast immer auch noch nach Monaten mit Rückbildungen zu rechnen ist.

Nun muß jedoch festgestellt werden, daß bei den einzelnen Herzstillständen der Patientin (Beispiel 13) jeweils andere Kollegen und Pflegekräfte zugegen waren und in der Praxis der Entschluß zum Verzicht auf eine zunächst in Frage kommende Behandlungsmaßnahme sehr schwer fällt, nur Sekunden zur Überlegung zur Ver-

fügung stehen, so daß man sich viel eher für ein aktives Vorgehen entscheidet, allein schon um keine Chance für den Kranken zu vergeben. Das jeweilige Kreislaufversagen war zuerst von den Pflegekräften bemerkt worden, die sich durch ihre tägliche Arbeit mit der Patientin so eng verbunden fühlten, daß sie stets die entsprechenden Maßnahmen zur Behebung der Zustände einleiteteten. Sie sind ferner wegen der Dringlichkeit prinzipiell angewiesen, die ersten Maßnahmen selbst vorzunehmen. Außerdem steht ihnen die Entscheidung „Therapie oder Verzicht darauf" nicht zu.
In Anbetracht dieser Tatsachen und der in den Intervallen wieder vorhandenen Bewußtseinsklarheit konnten sich die herbeigerufenen Ärzte nicht dazu entschließen, die begonnene Therapie einzustellen. Auch wird in solchen Situationen die plötzliche Konfrontierung mit dieser Problematik die jeweiligen Kollegen überrascht und unvorbereitet getroffen haben. Sodann wird unbewußt die Befürchtung mitgespielt haben, sich bei passivem Verhalten dem Vorwurf der unterlassenen Hilfeleistung auszusetzen. Im Zweifelsfalle ist selbstverständlich zur Einleitung einer Therapie zu raten.

Einstellung der Therapie

In den bisherigen Ausführungen klang mehrfach die Überlegung an, in bestimmten Fällen eine bereits mehr oder weniger lange durchgeführte Therapie abzubrechen, *wenn sich ihre Aussichts- und Sinnlosigkeit ergeben haben.* Das gilt auch für Situationen, in denen die Prognose anfangs zweifelhaft war und daher mit der Behandlung begonnen wurde. Aus den erwähnten juristischen Gesichtspunkten ergab sich erfreulicherweise, daß die führenden Vertreter der Jurisprudenz dem Arzt auch diese Entscheidungsmöglichkeit einräumen. Für ihn ist es bitter genug, die Erfolglosigkeit aller Bemühungen einzusehen.
„Der Heileingriff kann aber zum sinnlosen Übergriff ausarten, wenn mit keinerlei Aussicht auf Wiederherstellung eines erträglichen Lebens für längere Frist zu rechnen ist. In derart hoffnungslosen Fällen kann der Arzt nicht mehr verpflichtet sein und braucht sich deshalb auch nicht verpflichtet zu fühlen, das verlöschende Leben ... noch für eine nicht ins Gewicht fallende Zeitspanne zu verlängern" (*v. Kress* 1966).
Derselbe Autor (1960) und *Ehrhardt* (1965) warfen die in vielerlei Gestalt die Ärzte oft belastende Frage auf, ob das Leben eines betagten, durch eine schwere Zerebralsklerose veränderten Kranken mit Hinzukommen einer Pneumonie durch Antibiotika verlängert werden soll. Auch der inkurable Krebskranke stellt uns bei Hinzutreten eines ihn gefährdenden Infekts vor die Entscheidung, ob sein Leben mit allen Mitteln zu verlängern ist.
Diese Fragen, die die Grundlagen ärztlichen Handelns, ja der menschlichen Existenz überhaupt berühren, stellen sich mit unüberbietbarer Schärfe und insbesondere dem Anästhesisten, wenn der Ausfall einer vitalen Körperfunktion, z.B. der Atmung, den Einsatz umfangreicher personeller und technischer Kräfte bereits nötig gemacht hat. Diese intensiven Behandlungsmaßnahmen könnten unter Umständen sogar über Tage, Wochen und Monate fortgesetzt werden, obwohl die leibgeistige Einheit des Patienten mit dem Eintritt des Hirntodes bereits verlorengegangen ist. *Tönnis u. Frowein* (1963) haben in solchen Fällen eine Fortsetzung der Beatmung über Tage und Wochen für nutzlos gehalten.

Grundlegende ethische Erwägungen zum ärztlichen Auftrag geben daher Veranlassung zur Einstellung der Therapie in Fällen mit sicher vorhandenem Hirntod oder absoluter Aussichtslosigkeit.
Hutschenreuters (1969) Überzeugung zufolge können nach angiographisch gesichertem Ausfall des intrazerebralen Blutkreislaufs „alle Wiederbelebungsmaßnahmen eingestellt werden, auch wenn das Herz noch schlagen sollte."
Auch von seiten der Chirurgen wurde diese Ansicht vertreten: "If there is no evidence after a given period of time of brain recovery, it is customary to disconnect the machine and allow the patient to die" (*Calne,* zit. bei *Simpson* 1967).
Beecher (1968) sah in einer solchen Situation sogar eine Verpflichtung zur Einstellung intensiver Maßnahmen: "When it becomes evident that the brain is dead, there is an obligation to discontinue extraordinary supports."
Zur Erläuterung einer solchen Situation möge ein klinisches Beispiel dienen:

Beispiel 14: 31jährige Frau
Am 30.9.1970 mit ihrem PKW unter einen Sattelschlepper gefahren. Nach initialer Bewußtlosigkeit Einlieferung in das Heimatkrankenhaus. Am nächsten Tage reflexlos und somnolent. Am 3. Tage Schnappatmung, Atemstillstand, so daß die Patientin intubiert, beatmet und in die hiesige Klinik verlegt wurde, nachdem eine Subokzipitalpunktion blutigen Liquor ergeben hatte.

Aufnahmebefund: Bewußtseinsklar. Tetraplegie mit kompletter Querschnittslähmung unterhalb C 2 infolge einer Luxationsfraktur C 6/7. Fragliche Wirbelbogenfraktur bei C 3. Wegen insuffizienter Spontanatmung apparative Beatmung. Anlegen einer Crutschfield-Klemme zur Extension. Weitere Maßnahmen der Intensivtherapie.
Am 5. Tag nach der stationären Aufnahme während der Bronchialtoilette durch Pflegekräfte Extubation, wobei die Patientin erbrochenen Mageninhalt aspirierte. Die herbeigerufene diensthabende Anästhesistin fand die Patientin zyanotisch vor und vermochte sie wegen der durch die Crutschfield-Klemme erschwerten Umstände nicht sogleich zu reintubieren, so daß ein Herzstillstand auftrat. Extrathorakale Herzmassage behob ihn, doch ca. 15 min später kam es erneut zu einem Herzstillstand. Auf Anraten der inzwischen eingetroffenen Neurochirurgen wurden im Hinblick auf die aussichtslose Prognose des Grundleidens und die nun aufgetretene Hypoxie keine weiteren Maßnahmen unternommen. Exitus letalis.

Epikritische Betrachtungen: Die beteiligten Ärzte haben sich hier zu der Entscheidung durchgerungen, den Sterbevorgang der Patientin nicht zu verlängern. Dabei wird vor allem das aussichtslose Grundleiden mit der Notwendigkeit einer Dauerbeatmung berücksichtigt worden sein, aber auch die Tatsache, daß die Herzstillstände auf eine Hypoxie zurückzuführen waren, die auch eine erhebliche Schädigung im Gehirn bewirkt hatte; die Dauer der Hypoxie mußte mit mehr als 15 min angenommen werden.
Die Aufgabe der beteiligten Ärzte konnte nicht darin bestehen, den Kreislauf wieder in Gang zu bringen (die Atmung war ja bereits irreversibel ausgefallen) bei einem Wesen mit nur noch vegetativen Funktionen. Sie verhielten sich dabei nicht wie ein römischer Diktator mit der Geste "pollice inverso" – wie es zuweilen den Medizinern vorgeworfen worden ist. Sie wären vielmehr einer solchen Hybris verfallen gewesen, wenn sie versucht hätten, den Sterbevorgang aufzuhalten, noch dazu bei einem infausten Grundleiden.
Es muß allerdings auch der bedeutungsvolle Unterschied zur Situation bei der vorher geschilderten Patientin (Beispiel 13, S. 71) hervorgehoben werden, der in der

begründeten Annahme eines irreversiblen hypoxischen Hirnschadens bei der 31jährigen Patientin bestand.

Da aufgrund von Diskussionen in Fach- und Laienkreisen und Literaturberichten angenommen werden muß, daß das Verhalten der Kollegen im Falle der 31jährigen Patientin dem mit dieser Problematik Nichtvertrauten unverständlich erscheint, soll noch die Stellungnahme des bekannten Chirurgen *Calne* (Cambridge) angeführt werden: “If there is evidence of severe brain damage, then it is customary not to attempt further cardiac massage should another cardiac arrest occur” („Wenn ein schwerer Hirnschaden offensichtlich ist, dann ist es üblich, bei einem erneuten Herzstillstand keine weitere Herzmassage durchzuführen.”) (zit. bei *Simpson* 1967).

Jedoch vermögen sogar Ärzte mit großer klinischer Erfahrung zuweilen die Prognose nicht mit genügender Sicherheit zu stellen. In solchen Zweifelsfällen muß auf jeden Fall die Behandlung eingeleitet werden. Erweist sie sich im weiteren Verlauf als sicher aussichtslos, so würde die Verdrängung dieser Erkenntnis nur von sinnlosem Titanismus zeugen. Die Einsicht in die Erfolglosigkeit der Maßnahmen und der Entschluß zu ihrer Einstellung sprechen dann doch nur für das Verantwortungsbewußtsein und die menschlichen Qualitäten der Beteiligten.
Auch hierzu soll eine klinische Kasuistik gegeben werden:

Beispiel 15: 32jähriger Mann
Nach einem Verkehrsunfall mit Schädel-Hirn-Trauma Verlegung aus einem auswärtigen Krankenhaus in die hiesige Klinik. Tiefe Bewußtlosigkeit, Areflexie. Pupillen mittelweit und lichtstarr. Schnappartige Hyperventilation unter Einsatz der Atemhilfs- und Schlundmuskulatur. Schwerer Schockzustand mit einem Blutdruck nach RR von 60 mmHg, Puls 136/min. Klinisch und röntgenologisch Anhalt für Hämatothorax rechts, daher Einlegen einer Pleurasaugdrainage. Verdacht auf intraabdominelle Blutung.
Unter massiver Schockbekämpfung mit 2000 ml Blut, 1500 ml Humanalbumin, 500 ml Rheomacrodex, 2500 ml kristalloiden Lösungen, Strophanthin, Kalzium und Sauerstoffbeatmung Besserung der Kreislaufverhältnisse. Pupillenbefund blieb jedoch gleich. Trotz Verabreichung von 500 ml Elomel RS und 500 ml 10%iger Mannitlösung blieb der Patient anurisch.
Nach Erreichen normaler Blutdruckwerte (durch Infusionen, Akrinor) Karotisangiographie beiderseits (Abb. 12a, b): im wesentlichen Abbruch der Kontrastmittelsäule in der A. carotis interna an der Schädelbasis, nur in wenigen zarten Ästen der Arterie innerhalb des Endokraniums Kontrastmittel erkennbar, was als Zeichen einer verlangsamten und verminderten Hirndurchblutung gedeutet wurde. Im Hinblick auf diese zum Teil noch vorhandene Hirndurchblutung und gelegentliche Beugebewegungen der Arme Entschluß zur Trepanation trotz der unsicheren Erfolgsaussichten.
Auf dem Transport zum Operationssaal und während der Umlagerung des Patienten auf den Operationstisch jedoch erhebliche Verschlechterung des Kreislaufes.
In Anbetracht der Gesamtsituation, die neben der Trepanation auch eine Thorakotomie und Laparotomie erfordert hätte, mit der nach menschlichem Ermessen nun doch als infaust zu stellenden Prognose wurde nach Absprache zwischen Neurochirurgen und Anästhesisten, auch unter Hinzuziehung der Direktoren der Klinik bzw. des Institutes, jegliche Therapie eingestellt. Wenige Minuten später Erliegen der Schnappatmung und Herzstillstand. Exitus letalis.
Leider ist auch in diesem Fall keine Sektion erfolgt. Immerhin kann an der infausten Prognose kein Zweifel sein, wenn man auch durch massiven Einsatz der heutigen therapeutischen Möglichkeiten die vegetativen Körperfunktionen über

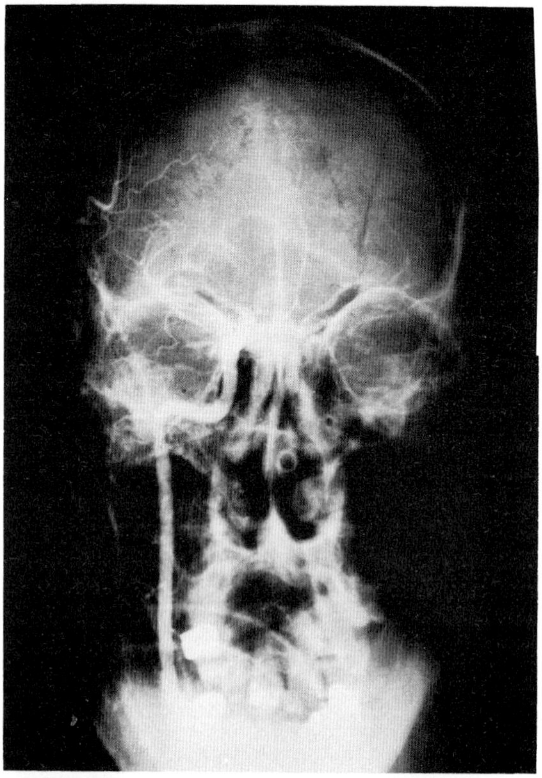

a)

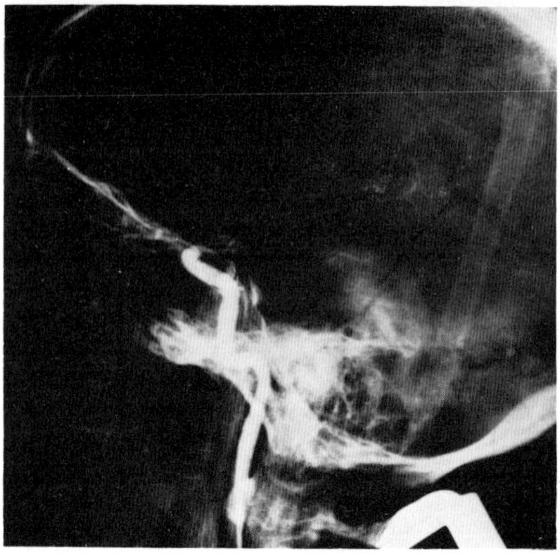

b)

Abb. 12. Karotisangiographie bei dem 32jährigen Patienten. a) Darstellung nur zarter Äste der A. carotis interna innerhalb des Endokraniums; b) im wesentlichen Abbruch der Kontrastmittelsäule in der A. carotis interna an der Schädelbasis

Stunden oder Tage hätte sichern können, was eine Verlängerung des irreversiblen Sterbevorganges bedeutet hätte. Am letalen Ausgang konnte kein Zweifel bestehen.

In seinem Bericht über die Auswirkungen von Wissenschaft und Technik auf die Menschenrechte, der bereits angeführt wurde (S. 57), schlug *U Thant* als damaliger Generalsekretär der UNO die Prüfung der Frage vor, „ob es einen Punkt gibt, jenseits dessen Intensivmethoden, unheilbar kranke oder sehr betagte Patienten am Leben zu halten, nicht mehr angewendet werden sollten" (Weser-Kurier, Bremen 9.4.1970). *U Thant* berief sich dabei auch auf eine Äußerung des Warschauer Chirurgen *Rudowski*, daß die Arbeit des Chirurgen sich in Grausamkeit verwandle, wenn er „fortfährt, ein Leben zu verlängern, das niemals wieder Sinn und Bedeutung haben kann."
Auch nach der „Erklärung von Sidney" des Weltärztebundes (1968) kann es in entsprechenden Situationen ethisch erlaubt sein, Wiederbelebungsversuche einzustellen.
Die künstliche Erhaltung von Atmung und Kreislauf auch über den Zeitpunkt des Hirntodes hinaus läßt es zudem an der Ehrfurcht und Achtung fehlen, die wir der sterblichen Hülle eines jeden Menschen schulden.
Der Arzt handelt jenseits seines ärztlichen Auftrags und dann doch zugleich nicht mehr in Übereinstimmung mit dem mutmaßlichen Willen des Patienten, wenn er sich um das Überleben einzelner Organfunktionen bemüht. So darf er in solchem Falle zweifellos den Respirator abstellen, obwohl er damit das Absterben anderer wichtiger Funktionen, z.B. des Kreislaufs und des Stoffwechsels, bewirkt (*Starzl, Cortesini, Wasmuth,* zit. bei *Wolstenholme u. O'Connor* 1966). Diesem Vorgehen stimmen auch Theologen zu: „Er handelt an einem bereits Toten" (*Böckle* 1970).

Das Recht zum Sterben

Wenn man den Sinn des ärztlichen Auftrages genauer bedenkt, dann ist nicht nur die Berechtigung zur Einstellung der therapeutischen Maßnahmen in bestimmten Situationen gegeben, sondern sogar die Verpflichtung dazu. Wie der Mensch das Recht zum Leben hat, so auch das zum Sterben, denn mit Leben ist auch Tod verknüpft. Nach *P. Martini* (zit. bei *v. Kress* 1960) hat der Mensch das Recht zum Sterben, und wir hätten nicht das Recht, ihn daran zu hindern und ihn seinen Qualen immer wieder zurückzugeben. In ähnlicher Weise hat sich der Moraltheologe *Schöllgen* (1953) geäußert.
Wo immer technisch mögliche Maßnahmen Schäden setzen, die ein „menschenwürdiges" Leben nicht mehr garantieren, nur zu einer bloßen Verlängerung eines „Vegetierens" führen, verlangt der Pastoraltheologe *Fleckenstein* (1967) vom Arzt „den Mut" zuzugeben, „daß ein solcher Eingriff sinnlos, damit sogar unmenschlich ist, weil und sofern eben eine wirkliche Hilfe für diesen Menschen nicht mehr möglich ist, daß somit dieses Leben als ‚Sein zum Tode hin' nunmehr dem unabänderlichen Geschick überlassen werden muß."
Im Streben nach Perfektionismus dem Kranken gegenüber kann das Vorgehen des Arztes direkt unmenschlich werden, indem er ihm etwa ein unnötig verlängertes, gar mehrfaches Sterben zumutet, nur um durch aufstachelnde Mittel das letzte Restlein Lebenskraft „auszunützen" (*v. Gebsattel* 1947).
Bis zu welcher erschütternden inhumanen Konsequenz eine solche Verhaltensweise getrieben werden kann, tritt am Schicksal eines Kollegen mit aller Deutlichkeit zutage (nach *Symmers* 1968):

Beispiel 16: 68jähriger Mann
Bei einem Kollegen war es durch Fehldeutung der Folgezustände eines fünf Jahre zuvor aufgetretenen schweren Herzinfarktes zur erheblichen Ausbreitung eines Magenkarzinoms gekommen, so daß die Laparotomie eine ausgedehnte Metastasierung in Leber und Lymphknoten zeigte. Um einem bevorstehenden Durchbruch des Primärtumors in die Peritonealhöhle zuvorzukommen, wurde eine palliative Gastrektomie durchgeführt. Histologisch: anaplastisches primäres Adenokarzinom. Klinisch und röntgenologisch nachgewiesene Wirbelsäulenmetastasen.
Dem Patienten wurden alle Befunde mitgeteilt, und er war sich ihrer Tragweite voll bewußt. Trotz steigender großer Dosen von Pethidin und Morphium litt er beständig an zermürbenden Schmerzen im Abdomen und infolge der Spinalnervenkompression durch die Metastasen.
Am 10. Tage nach der Gastrektomie kam es zu einer massiven Lungenembolie, die durch Trendelenburgsche Operation erfolgreich behandelt wurde. Nach dem Erwachen gab der Patient seiner Anerkennung für die guten Absichten und das Geschick des jungen Operateurs Ausdruck, äußerte jedoch zugleich den Wunsch, nichts zu seiner Lebensverlängerung zu unternehmen, falls es noch einmal zu einem Kreislaufversagen komme, denn seine durch das Karzinom bedingten Schmerzen seien geradezu unerträglich. Er selbst brachte einen entsprechenden Vermerk im Krankenblatt an, und dem Chefarzt der Klinik waren diese Tatsachen bekannt.
In Mißachtung dieses seines ausdrücklichen Willens wurde der Patient, als es zwei Wochen nach der Embolektomie zu einem akuten Myokardinfarkt mit Herzstillstand kam, durch das Reanimationsteam der Klinik wiederbelebt. In derselben Nacht kam es noch viermal zu einem Herzstillstand, und jedes Mal wurde er künstlich behoben. Der Körper erholte sich danach ausreichend, um für drei weitere Wochen dahinzusiechen, aber in einem Zustand der Bewußtlosigkeit, aus dem sich nur Episoden mit schwallartigem Erbrechen und generalisierten Krämpfen hervorhoben. Infusionen und Transfusionen sicherten Ernährung, Elektrolyt- und Wasserhaushalt. Antibiotika bekämpften die Infektionen, insbesondere vom Tracheostoma ausgehende Pneumonien. Am letzten Tage wurden Vorbereitungen zur Dauerbeatmung wegen Versagens des Atemzentrums getroffen, doch kam es zum endgültigen Herzstillstand, bevor dieser Plan realisiert werden konnte.

Diesem Bericht ist wohl kaum noch etwas hinzuzufügen. Kommentar und Schlußfolgerung sind denen überlassen, die in eine ähnliche Situation geraten können.
In Anbetracht solcher und ähnlicher Verläufe kann es nicht überraschen, daß z.B. im British Medical Journal in den letzten Jahren wiederholt Beiträge unter dem Titel "Not allowed to die" (*Symmers* 1968; *W. R. Russell* 1968) erschienen. In den "Medical Times" (New York) fand sich der Titel "The right to live and to die" (*Aitken* 1967).
Auch in der deutschen Öffentlichkeit wird dieses Thema diskutiert. So brachte der Süddeutsche Rundfunk am 24.8.1971 in seinem ersten Programm eine Sendung unter dem Titel „Das Recht auf den Tod."
Elkinton (1968) nahm zu diesen Fragen unter dem Titel "When do we let the patient die?" Stellung, wobei auf die Bedeutung von "to let" im Sinne von „zulassen" und nicht „veranlassen" hingewiesen werden muß. Es sei gestattet, daraus ein eindrucksvolles Beispiel anzuführen:
"A physician-friend of mine has told me of the occasion when visiting his elderly, widowed, and lonely father, the father suddenly collapsed with an arrested heart. The son began external cardiac massage – and then he stopped. It seemed to him that it was the right time for his father to die. – My friend had the perspective

of which I speak." („Ein mir befreundeter Arzt berichtete mir, daß sein alter, verwitweter und einsamer Vater, den er gerade besuchte, plötzlich einen Herzstillstand erlitt. Der Sohn begann mit der äußeren Herzmassage – doch dann hielt er inne. Es schien ihm, daß für seinen Vater die Zeit abgelaufen sei. – Mein Freund hatte die Einsicht, von der ich spreche.").
Diese Situation ist vor allem dadurch akzentuiert, daß der eigene Vater des Kollegen betroffen war. Sie läßt auch erkennen, daß ein Teil unserer Perspektive vom *Alter des Patienten* und seinen *äußeren Umständen* mit geprägt sein muß.
Dieser Gesichtspunkt darf jedoch *niemals* so weit führen, daß *eine bestimmte kalendarische Altersgrenze* generell festgelegt wird, bis zu der Wiederbelebungsmaßnahmen angewandt werden dürfen, wie es z.B. durch öffentliche Bekanntgabe in einem Krankenhaus in England und durch interne Absprache in einer Abteilung in Deutschland geschehen ist. Auf die entscheidende Bedeutung des biologischen und nicht des kalendarischen Alters braucht hierbei nur verwiesen zu werden, ganz abgesehen von der psychischen Belastung aller in einem solchen Krankenhaus aufgenommenen Patienten jenseits der so willkürlich festgesetzten Altersgrenze.
Die Bestimmung des Menschen ist mit der zeitlichen Endlichkeit verknüpft. Daraus ergibt sich für uns Ärzte die Konsequenz, den Tod zu bejahen, wenn seine Stunde offensichtlich gekommen ist oder anders ausgedrückt: wenn der Moment der Irreversibilität im Sterbeprozeß überschritten ist. Es kann nicht ärztlicher Auftrag sein, zweifellos moribundes Leben am Flackern zu erhalten, es am Erlöschen, vielleicht sogar mit allen Mitteln und um jeden Preis, zu hindern, so daß sich die Erinnerung an das Schicksal des Ahasver aufdrängt.
Eindeutig ist der Preis zu hoch, wenn er in der Verlängerung oder Verursachung schwerer Qualen für den Patienten besteht, oder wenn das Selbstbewußtsein und das Kommunikationsvermögen, die Möglichkeit mitmenschlichen Kontaktes, als maßgebliche Indizien menschlicher Existenz (*Gogarten,* persönliche Mitteilung 1967; *Thielicke* 1970) irreversibel verlorengegangen sind. Hier beginnt der Bereich, wo der Arzt durch sein Opponieren gegen den Tod dem Frevel, der Blasphemie, verfällt und *eine gewollte Handlung der Humanität sich in eine inhumane Verhaltensweise umkehrt.* Hier muß der Arzt den Mut aufbringen zu dem Eingeständnis, das Sterben seines Patienten zuzulassen, wobei uns der bedeutungsvolle Unterschied zwischen Sterbenlassen und Töten durch pflichtwidrige Unterlassung einer gebotenen Hilfe bewußt sein muß.
Die Notwendigkeit dieser Unterscheidung können wir auch Äußerungen von *Safar* (1963) auf dem Internationalen Symposium anläßlich des I. Europäischen Anästhesiekongresses 1962 in Wien entnehmen: "Although any salvable patient deserves an all-out modern resuscitative effort, the physician should not forget that the dying patient with known incurable disease deserves a peaceful death with dignity." („Obwohl ein Patient mit Überlebenschancen Anspruch auf eine umfassende moderne Wiederbelebungstherapie hat, sollte der Arzt nicht vergessen, daß der sterbende Patient mit bekanntem unheilbarem Leiden einen friedvollen Tod mit Würde verdient.")

Einwilligung des Patienten

Aus der juristischen Grundauffassung des ärztlichen Eingriffes als einer Körperverletzung (§ 223 StGB) ergibt sich die Forderung nach der Rechtfertigung, für die grundsätzlich nur die Einwilligung des Patienten in Betracht kommt (*Bockelmann* 1968a; *Grünwald* 1966; *Kohlhaas* 1969; *Schwalm* 1968). Sie setzt jedoch einen aufgeklärten und urteilsfähigen Patienten voraus. Auf die Fragwürdigkeit dieser Bedingungen im Grenzbereich zwischen Leben und Tod haben viele Autoren hingewiesen, u.a. *Ehrhardt* (1966), *v. Kress* (1960), *Mörl* (1965). In diesen Situationen hieße es die Urteilsfähigkeit und das Verantwortungsvermögen des Kranken für sein eigenes Interesse überfordern. Zudem ist sein Bewußtsein dabei zumeist getrübt oder ganz verloren. So kann nur der mutmaßliche Wille des Patienten angenommen werden. Es drängt sich aber auch die Frage auf, ob seine Interessen von dritter Seite wahrgenommen werden können.

Die Rolle der Angehörigen oder anderer Institutionen aus ethischer Sicht

Jeder längere Zeit in der Betreuung solcher Kranker stehende Kollege weiß, daß wir zu unseren Bestrebungen, das Leben des Patienten zu verlängern, zumeist die Zustimmung der Angehörigen finden und inständig gebeten werden, alles Menschenmögliche zu tun. Daß dieser Einstellung oft handfeste ökonomische, finanzielle Gesichtspunkte, z.B. verknüpft mit der Erwartung der nächsten Rentenzahlung oder mit der Hoffnung auf Erreichen einer höheren Dienstaltersstufe, zugrunde liegen, hat *Bockelmann* (1968a) deutlich hervorgehoben. Diesen Wünschen dann nur aus diesen Gründen nachzugeben, auch wenn die Lebensverlängerung für den Patienten sinnlos oder gar inhuman ist, muß abgelehnt werden, da der Arzt nur das Wohl des Patienten zu berücksichtigen hat, und diese angeführten Wünsche der Angehörigen nicht von der Sorge um das Wohl des Patienten getragen sind. Aber es kommt auch vor, daß die Familie auf eine baldige Beendigung der qualvollen Situation drängt, und zwar aus ebenso ganz verschiedenartigen Motiven, die es hier nicht aufzuzählen gilt.

Aus der Verschiedenartigkeit der vorgebrachten Gründe ergibt sich für uns zwar die Empfehlung, die Angehörigen zu informieren und ihre Meinung zu hören, uns aber nicht von ihnen leiten zu lassen. Große Vorsicht ist ebenso geboten, wollten wir von ihnen den mutmaßlichen Willen des Patienten erfahren. Wie der Patient selbst, so wären auch sie weitgehend überfordert, wollten wir sie in unsere Entscheidung mit einbeziehen. In der überwiegenden Mehrzahl der Fälle verfügen sie nicht über eine ausreichende Kenntnis der Problematik, sind erheblichen emotionellen Einflüssen unterworfen und wären bei ihrer Beteiligung an den Entscheidungen u.U. später Vorwürfen anderer mitbetroffener Angehöriger ausgesetzt, deren Ansichten jetzt nicht berücksichtigt wurden oder entgegenstehen.

Die Meinung *Maurachs* (1964) von der Verpflichtung des Arztes, „die dem verlöschenden Leben verbleibende kurze Spanne durch aufpeitschende und das Leben um ein Geringes verlängernde Mittel auszudehnen, wenn der Patient oder dessen Angehörige ein entsprechendes Vorgehen des Arztes verlangen“, ist aus mehreren der bereits angeführten Gesichtspunkte abzulehnen.

Andererseits darf aus den angeführten Gründen der Arzt auch nicht dem Wunsch der Angehörigen auf Einstellung der Wiederbelebungsmaßnahmen folgen, so wie es *Papst Pius XII.* in seiner Stellungnahme (1957) empfohlen hatte.

So wurde in den letzten Jahren die *Einbeziehung der Angehörigen in die Entscheidungen des Arztes im Grenzbereich zwischen Leben und Tod von mehreren Autoren mit Recht abgelehnt,* u.a. von *Biörck* (1967), *Bucher* (1956), *Lundevall* (1968), *Mollaret* (1962b), *Sawicki* (1967), *Schwab* u. Mitarb. (1963), *Véghelyi* (1970). Verwerflich und unethisch wäre es, den Verwandten gar die Entscheidungen zu überlassen, ja sie ihnen geradezu aufzubürden und die Verantwortung auf sie abzuwälzen.

Ärztliche Entscheidungen

Eine fast erdrückende Zahl von Schwierigkeiten türmt sich auf, wenn man die mannigfaltigen Sachverhalte, die eine Entscheidung des Arztes verlangen, konkret festhalten wollte. So ist der Versuch einer logischen, auf Statistiken beruhenden Kategorisierung der vorkommenden Situationen von vornherein zum Scheitern verurteilt. Die Einmaligkeit einer jeglichen Konstellation erfordert eine *ganz individuelle Beurteilung und Entscheidung* und *schließt feststehende Regeln oder abstrakte Normierungen kategorisch aus.* Die Geschichte hat leider oft genug bewiesen, daß Verfassungen und Gesetze tatsächlich in keiner Weise garantieren, daß der Mensch ein Mensch bleibt, und daß der freie Mensch frei bleibt.
Die Tragweite von Entscheidungen in der Grenzphase zwischen Leben und Tod kann nur der ermessen, der die Machtbefugnisse der heutigen Medizin in diesen Bereichen kennt. Der Arzt muß jedoch täglich Entscheidungen fällen, wobei er oft aus den bereits früher angeführten Gründen unter Zeitnot steht und zu einem sicheren Urteil, zuweilen in Sekunden, kommen muß. So blieb es nicht aus, daß ihm die Rolle des „Richters über Leben und Tod“ zugemessen und die Behauptung aufgestellt wurde, er maße sich dieses Recht an. Es kann auch die Behauptung fehlgedeutet werden, daß der Arzt „mit einer gewissen Willkür“ die Zeit des Todeseintritts festsetze und damit Weichen für die Hinterbliebenen stelle (*Halbe* 1970). Es kann sich aber nur darum handeln, den Todeszeitpunkt sicher und zeitgerecht festzustellen.
Jeder gewissenhaft seinen Beruf ausübende und mit dieser Grenzproblematik aus eigenem Erleben vertraute Mediziner weiß indessen auch, daß man nicht von der „Anmaßung der Rolle eines Richters über Leben und Tod“ sprechen kann, sondern nur von der Übernahme oder vom Zufallen der schweren Bürde einer solchen Entscheidung. Die ständig erweiterten Möglichkeiten der heutigen Medizin stellen den Arzt vor immer härtere Entscheidungen, die er ertragen, ja auf sich nehmen muß. Auch der Anästhesist empfindet die Tatsache, daß er oft den schmalen Grat an der Grenze des Lebens gehen muß, nicht als ein Vorrecht, sondern vielmehr als eine schwere Last, ja fast als eine Überbelastung und Überforderung.
Es ist eine Illusion anzunehmen, daß die Mediziner solche Entscheidungen wegen ihrer Tragweite umgehen könnten. Bei jeder Behandlung eines Patienten haben wir Entscheidungen zu fällen, und oft beziehen sie sich auf die Grenzphase zwischen Leben und Tod. Als Beispiele seien nur die Erklärung der Inoperabilität eines Prozesses während einer Laparotomie oder Hirnoperation bzw. der Verzicht auf die operative Behandlung eines Malignoms bei einem Patienten in hohem Alter erwähnt, wo die Größe des erforderlichen Eingriffs und der resultierende Zustand im Mißverhältnis stehen zu der Lebensspanne, die dem Patienten

ohne einen solchen Eingriff noch zu verbleiben scheint. Der Arzt muß hierbei einsehen, daß er damit keineswegs zum Herrn über Leben und Tod wird, sondern „nur zu beider Diener" (*Hanack* 1969b).
Welche Werte und Normen gelten sollen, kann nicht auf naturwissenschaftlicher Basis ermittelt und festgelegt werden, sondern ist eine soziale, normative und ethische Frage. Schon aus seiner berufsethischen Einstellung heraus wird es den Arzt große Überwindung kosten, von vornherein auf eine an sich in Frage kommende Wiederbelebungs- oder Intensivtherapiemaßnahme zu verzichten oder eine bereits begonnene Behandlung im Hinblick auf das Gesamtwohl des Patienten (salus aegroti suprema lex) abzubrechen. Eine solche Entscheidung zu treffen, wird ihm aber noch schwerer fallen, wenn er die Letztmaligkeit zur Hilfeleistung für den Patienten bedenkt, wenn ihm voll bewußt wird, daß nach dieser seiner Entscheidung keinerlei Möglichkeit mehr gegeben sein wird, sie rückgängig zu machen, die Konsequenzen durch ein Revisions- oder Appellationsverfahren aufzuheben.
Es wurde bereits die Unmöglichkeit hervorgehoben, die verschiedensten Fall-Konstellationen und die in Frage kommende Verhaltensweise des Arztes normativ festzulegen oder sie gar in positiv-rechtliche Kategorien einzuordnen. In diesen Grenzbereichen kann es keine kasuistischen Regeln für Entscheidungen geben. Doch kann kein seinem Berufsethos sich verpflichtet fühlender Arzt der Notwendigkeit, sie zu treffen, entgehen. Unter dem Zwang der Situation kann er nicht umhin, „Standort zu beziehen und Gesinnung zu offenbaren", wie es *Steinbereithner* (1969) in Anlehnung an *Haefliger* speziell für die Anästhesie betont hat. Von nahezu allen Autoren und Ärztegremien ist jedoch die Überzeugung geäußert worden, daß es die *Aufgabe des Arztes* sei, die *Entscheidungen in der Grenzphase zwischen Leben und Tod zu treffen.*

Verantwortung des Arztes

Was für die Entdeckung der Atomkraft, nach dem Urteil von *Otto Hahn* (zit. bei *Strassmann* 1968) für die Erkenntnisse aller Wissenschaften und die Befugnisse aller Macht gilt, hat auch für die technischen Mittel Gültigkeit: sie sind nicht an sich böse, aber ihr Mißbrauch ist zu verurteilen und zu verhindern. Der Atomwissenschaftler erkannte voller Sorge die großen Gefahren durch den schnellen wissenschaftlichen und technischen Fortschritt, der der organischen Anpassung unserer sozialen Verhaltensweise an die veränderte Welt davongelaufen ist. Der Fortschritt dürfe nicht so einseitig bleiben wie bisher, und der Mensch habe zuviel Macht über die äußere Welt und zuwenig über sich selbst (zit. nach *Zimen* 1971).
Auch *Portmann* (1970) mußte ein Nachhinken der sozialen Einsichten in den tatsächlichen Fortschritt der Forschung feststellen. Hier soll auch an die bekannten Ergebnissen des Ciba-Symposiums "Man and his Future" (*Wolstenholme u. O'Connor* 1963) in London 1962 erinnert werden.
Zweifellos haben Wissenschaft und Technik auch nach dem Urteil führender Naturwissenschaftler sich am segensreichsten in der Medizin ausgewirkt (*v. Weizsäcker* 1964) und dem Arzt erhebliche Machtbefugnisse verschafft, was in vorhergehenden Abschnitten aufgezeigt wurde. Der Mißbrauch dieser Macht würde aber ebenso wie in anderen Lebenssphären zum Frevel führen, zu inhumanem Titanismus, zu prometheischer Überheblichkeit. Die *Ambivalenz des Fortschritts ist auch in der Medizin*

erkennbar, was ich an den klinischen Problemen in der Grenzphase zwischen Leben und Tod aufzuzeigen versuchte. Wir Ärzte sind aufgerufen, die Gefahren zu erkennen und die *ungewollten Wirkungen des Fortschritts zu meistern.*
Aus medizinischen, philosophisch-ethischen, religiösen, juristischen und soziologischen Gründen muß der Aufgabenbereich des Arztes im Grenzbereich zwischen Leben und Tod umfassen:

1. Definition des Todes,
2. Feststellung des Todes,
3. Feststellung des Todeszeitpunktes,
4. Entscheidungen über primären Verzicht von Wiederbelebungs- und Intensivbehandlungsmaßnahmen,
5. Entscheidungen über die Einstellung einer Therapie.

So hat der Arzt gerade im Bereich dieser Problemkreise eine ungeheuer große Verantwortung zu übernehmen. Selbst die Angehörigen des Patienten können ihm dabei keine Hilfe sein.
Die Verantwortung kann ihm auch nicht durch gesetzliche Festlegungen erleichtert werden. Diese Unmöglichkeit haben führende Juristen und Gerichtsmediziner des In- und Auslandes in den letzten Jahren wiederholt bekannt, u.a. *Fletcher* (1968), *Geilen* (1968), *Hanack* (1969a, 1970), *Hansen* (1969), *Heinemann* (1968), *Heinitz* (1970), *Hinderling* (1971), *Kohlhaas* (1967a, 1969), *Moore* (1966), *Muller* (1967), *Sawicki* (1967), *E. Schmidt* (1957), *Schwerd* (1969), *Simson* (1965), *Sjövall* (1967), *Voigt* (1967), *H.-J. Wagner* (1969), *Weissauer* (1969), obwohl wiederholt von seiten der Mediziner juristische Bestimmungen zu ihrer Entlastung erwartet wurden. Ebenso mußte sich die Theologie zur Entscheidung in diesen Grenzbereichen für unzuständig erklären und die Verantwortung der Medizin überlassen (*Böckle* 1968b, 1970; *Feige* 1969; *Fleckenstein* 1967; *Gogarten*, persönliche Mitteilung 1967; *Papst Pius XII.* 1957; *Sustar* 1968; *Thielicke* 1967, 1968a, 1970). Das Dilemma zeigt sich in seiner ganzen Schwere und Tragweite, wenn man bedenkt, daß auch die Mediziner selbst, wie bereits aufgezeigt wurde, keine kasuistischen Normierungen für diesen Grenzbereich vornehmen können. Sie müssen daher für ihr Verhalten in jeder individuellen Situation die Verantwortung selbst und voll übernehmen. Für sie kann und darf die *letzte Instanz nur das Gewissen des einzelnen Arztes* sein. Der nur logisch richtig arbeitende Verstand kann dabei für das Gewissen kein Maßstab sein, ebenso wie ohne das persönliche Gewissen des einzelnen Menschen kein Weltgewissen möglich ist. Es darf auch nicht dazu kommen, daß der Arzt sich mehr nach den Gerichtsbehörden als nach seinem Gewissen richtet (*Foldes* 1970; *Nissen* 1964).
Verantwortung setzt Freiheit voraus, die auch in der ärztlichen Entscheidung im Bereich des Todes gegeben sein muß und von keiner Obrigkeit, gleich welcher Art und welchen Ranges, abgenommen werden darf und kann. Die Gewissensfreiheit ist das Grundrecht aller übrigen Freiheiten. Auf welche verhängnisvollen inhumanen Irrwege anderenfalls sogar Mediziner geführt werden können, hat die Vergangenheit deutlich genug bewiesen, und diese Tatsachen sollten stets in Erinnerung gehalten werden. Mehr als in früheren Zeiten müssen wir heute daran denken – und dies hat nichts mit anarchistischen Bestrebungen zu tun –, daß blinder Gehorsam dort seine Grenzen hat, wo sittliches Verhalten aufhört.
Die *Stellungnahme der Ärzte des Kantons Bern* (1968) zur Frage der Verantwortung bei Experimenten am Menschen und der Organtransplantation muß auch

für die hier behandelten Fragen gelten: „... daß jeder beteiligte Arzt für sein Handeln allein und voll verantwortlich ist. Keine Organisation, kein Vorgesetzter und kein Arbeitsteam kann ihm diese Verantwortung abnehmen ... Es gibt für den Arzt keine Kollektivverantwortung, sondern nur die allein zu tragende, daher schwere persönliche Verantwortung."

Da sie mit allem Ernst übernommen werden muß, wird sie in manchen Situationen vielleicht als zu schwer empfunden und kann uns fast erdrücken und überfordern. Aber „Menschsein heißt verantwortlich sein" (*Saint-Exupéry* 1968). Diese Verantwortlichkeit muß zu willentlichen Entscheidungen führen, die sich auf durch Sachkenntnisse, Gefühl und Vernunft, Tradition und Erfahrung beruhenden Wertungen gründen müssen und Hinweise für richtiges sittliches Verhalten liefern können, denn der Mensch ist ein zur Sittlichkeit fähiges Wesen.

Die *Notwendigkeit zu Wertungen* ist dabei häufig gegeben. Wir können uns ihr vor allem bei Massenkatastrophen nicht entziehen, da nicht zu gleicher Zeit für alle Verletzten personelle und materielle Hilfe verfügbar ist, sie zuerst den schweren, aber prognostisch nicht infausten Fällen, jedoch um derentwillen nicht den von vornherein Unrettbaren zuteil werden muß. Vor diese harte Notwendigkeit und bittere Einsicht sahen sich noch viel krasser die Chirurgen auf den Kriegsschauplätzen gestellt (*Lüdeke,* persönliche Mitteilung 1970).

Die Vornahme von Wertungen zu verurteilen mit dem Hinweis auf die Gefahr, in den Teufelskreis der „Vernichtung lebensunwerten Lebens" abzurutschen, bedeutet ein Ausweichen vor der Verantwortung, mit der wir durch die Fortschritte der Medizin zunehmend konfrontiert werden. Die Beschwörung der Erinnerung an den Mißbrauch der Medizin in den „Gnadenaktionen" des Dritten Reiches kann nicht aus dem Dilemma helfen. Daher wird sogar von führender juristischer Seite dagegen Stellung bezogen: es sei „an der Zeit, diese horrible Vereinfachung aufzugeben und die Grenzen ärztlichen Tuns aus ethischer und juristischer Sicht für die Gegebenheit einer dem Rechtsstaat verhafteten Medizin ... nach differenzierteren Kriterien festzulegen" (*Hanack* 1970). Die Würde des Menschen und unsere Achtung vor ihr und die Verpflichtung zur Humanität gebieten es uns, alle verfügbaren Kräfte zum Wohle der uns anvertrauten Patienten einzusetzen, aber auch die Grenzen zu erkennen, wo das Wohl des Patienten endet und unser Verhalten inhuman ist.

Zur Vornahme von Wertungen gehören aber notwendigerweise Maßstäbe, und sie kann der Mensch nicht durch Erkenntnisse der Naturwissenschaften gewinnen, sondern nur auf dem Boden der Ethik. Wie es keine Kunst um der Kunst willen geben soll, so darf auch kein Wissen um des Wissens willen Gültigkeit haben. Dem Menschen „gibt allein der Besitz einer Ethik einen Rang über dem Tier" (*Heitler* 1970).

Nur ein hohes Verantwortungsbewußtsein kann dem Arzt als Richtschnur dienen: "The pressure of biomedical advances that give him power to modify the time of death no longer permits him to avoid decisions or to find easy answers within the confines of conventional habits and professional customs. The decision that he does make about the dying patient must come from his own conscience, his religious faith or philosophy, his knowledge of the legal and moral boundaries that society has set for him, and – most importantly – his sense of his primary responsibility for the person of his patient as a human being." („Der Druck des biomedizinischen Fortschritts, der ihm die Macht gibt, den Todeszeitpunkt zu beeinflussen, erlaubt ihm nicht länger, innerhalb der Grenzen konventioneller Ge-

wohnheiten und professioneller Bräuche Entscheidungen auszuweichen oder leichte Antworten zu finden. Die Entscheidung, die er über den sterbenden Patienten trifft, muß aus seinem Gewissen, seinem religiösen Glauben oder seiner Philosophie, seinem Wissen um die gesetzlichen und sittlichen Grenzen kommen, die die Gesellschaft ihm auferlegt hat und – was am wichtigsten ist – aus seinem Wissen um seine primäre Verantwortlichkeit für die Person seines Patienten als einem menschlichen Wesen.") (*Elkinton* 1968).
Diese schwere und belastende Aufgabe kann der Arzt jedoch nur übernehmen, wenn er zugleich mit Erkenntnissen und Maximen anderer Wissensgebiete wie Philosophie, Theologie, Soziologie und Jurisprudenz vertraut ist.

Zusammenarbeit mit anderen Kollegen und Vertretern anderer Wissenschaften

Die auch in der Heilkunde notwendig gewordene Spezialisierung, die Schwere der Verantwortung und die Begrenztheit allen menschlichen Urteilsvermögens lassen unbedingt zur Konsultierung anderer Kollegen raten, wenn die Entscheidung über die Einstellung einer Therapie zu treffen ist. Wenn sie sie ihm auch nicht abnehmen können, z.B. dem Anästhesisten die des Abbruchs der Respiratorbeatmung oder der Herzmassage, so können sie doch andere Gesichtspunkte beisteuern und bei genügender Kenntnis der Problematik Verantwortung mitübernehmen.
Es erscheint daher geboten, daß der für die Betreuung des Patienten verantwortliche Arzt *mindestens zwei weitere Kollegen* zuzieht, was auch der Empfehlung des Ad-Hoc-Komitees der Harvard-Universität (1968) und anderer Autoren entspricht. Da „die Medizin eine Erfahrungswissenschaft ist" (*Jores* 1967), muß ein junger Kollege zweifellos überfordert sein.
Daher wird für eine solche Beratung folgender *Vorschlag* unterbreitet:

1. Es sollten beteiligt sein:
   a) ein mit Wiederbelebungs- bzw. Intensivbehandlungsmaßnahmen vertrauter Facharzt, im allgemeinen ein Anästhesist,
   b) ein zur Beurteilung des neurologischen Status befähigter Facharzt, im allgemeinen ein Neurologe oder Neurochirurg.
2. Damit eine vollständige gegenseitige Unterrichtung und Verständigung über die Art und Wertung der Untersuchungs- und Verlaufsbefunde sowie die daraus resultierende Entscheidung gewährleistet werden können, müssen alle beteiligten Kollegen sich zur gleichen Zeit am Patienten einfinden und ihre Ansichten im Hinblick auf die Schwere der anstehenden Verantwortung vorbehaltlos und in offener Aussprache vortragen.

Sind diese Voraussetzungen in der jeweiligen Situation aus personellen oder anderen Gründen nicht gegeben, so sollte man sich nicht und keinen Aufwand scheuen, aus einer anderen Klinik, ja sogar aus einer anderen Stadt, einen entsprechenden Kollegen zuzuziehen, was nicht gegen die fachlichen Fähigkeiten, sondern nur für die Einsicht und menschliche Größe der primär Beteiligten sprechen und Sicherheit gegen etwa später erhobene Vorwürfe geben würde. Dann wäre auch der Befürchtung von vornherein entgegengearbeitet, daß der Arzt sich zum „Richter über Leben und Tod" mache.

Zur Vorbeugung gegen etwaige Gerüchte in Fach- oder Laienkreisen und zur *Dokumentierung* erscheint es dringend ratsam, in den Krankenunterlagen Einzelheiten über Aufnahmestatus, Verlauf und die Gründe sowie Befunde schriftlich festzuhalten, die Anlaß

– zur Diagnose des Hirntodes,
– zum Verzicht auf eine Therapie oder
– zur Einstellung der Behandlung

gegeben haben. Diese Entscheidungen sollte man stets *nur bei voller Übereinstimmung aller zugezogenen Kollegen* vornehmen, und die Eintragungen sollten von allen beteiligten Kollegen unterschrieben werden.
Da es in dem Grenzbereich zumeist dem Anästhesisten zufällt, die Entscheidung auf Therapieverzicht von vornherein oder auf Einstellung der Behandlungsmaßnahmen zu realisieren, muß vor allem er auf eine solche enge Zusammenarbeit der verschiedenen Fachvertreter bedacht sein. So bietet sich auch hier für die Anästhesiologie wieder eine Gelegenheit, trotz ihrer eigenen Abspaltung von den operativen Fächern die einzelnen Fachdisziplinen der Medizin zum Wohle der Patienten und der Entwicklung der Heilkunde wieder zu verbinden. In der Integration müssen wir das notwendige Korrelat zur Differenzierung sehen (*Schipperges* 1970).
Die Entscheidung eines ärztlichen Konsiliums, nach genauer Prüfung aller Befunde und Umstände nichts Aufwendiges mehr für die Erhaltung von Lebensfunktionen eines sicher unrettbar verlorenen, sterbenden Patienten zu tun, wird zwar manchen an die verhängnisvolle Tätigkeit des Gutachterkollegiums bei der nazistischen Tötungsaktion von „mißgestalteten" und „lebensunwerten" Kindern erinnern, sie könnte aber wohl Schutz gegen den eventuell später erhobenen Vorwurf der unterlassenen Hilfeleistung (§ 330 c StGB) gewähren. Daß auch Mehrheitsbeschlüsse einem Irrtum unterliegen können, hat die Geschichte leider mehrfach bewiesen und veranlaßte *Schiller* zu seinem berühmt gewordenen Ausspruch: „Nicht Stimmenmehrheit ist des Rechtes Probe" (Maria Stuart II,3).
Damit ist freilich die Frage nach der Sicherheit und Zulänglichkeit aller ärztlichen Diagnosen und Prognosen, ja selbst allen menschlichen Urteilsvermögens verknüpft, auf die hier nicht weiter eingegangen werden kann. Absolute Sicherheit kann es auch nach der Ansicht von führenden Juristen (*Weissauer* 1969, *Kohlhaas* 1968b) in der Medizin nicht geben – das sollte endlich auch die Öffentlichkeit begreifen –, wohl aber das eifrige Bemühen, ihr möglichst nahe zu kommen.
Um Fehldeutungen und Gerüchten vorzubeugen sowie Verständnis für die ärztlichen Entscheidungen zu erwecken, ist es außerdem dringend ratsam, die in der Betreuung des Patienten *beteiligten Pflegekräfte aufzuklären,* was auch mit der Verlautbarung des Britischen Gesundheitsministers vom 25.3.1968 und der Stellungnahme des Harvard-Komitees (1968) übereinstimmt.
Auch sollte in besonderen Fällen, bei denen die Befriedigung der Grundbedürfnisse des Patienten, u.U. sogar einschließlich der Dauerbeatmung, gesichert werden muß, jedoch darüber hinausgehende Maßnahmen im Hinblick auf die infauste Prognose nicht unternommen werden sollen, zwischen allen behandelnden bzw. in Notsituationen hinzuzuziehenden Kollegen sowie allen beteiligten Pflegekräften eine genaue Absprache erfolgen. Bei einer akuten Verschlechterung, z.B. beim Hinzukommen eines Herzstillstandes, steht nämlich nicht ge-

nügend Zeit zur Verfügung, um die nötigen Informationen einzuholen oder erst dann Absprachen vorzunehmen, wie es die Schilderung des Verlaufes bei der 42jährigen Patientin (Beispiel 13, S. 71) gezeigt hat.
Die Konfrontierung mit der aufgezeigten Problematik im Grenzbereich zwischen Leben und Tod erfordert unvermeidlich die *Einbeziehung anderer Wissensgebiete,* vor allem der Geisteswissenschaften (*Schipperges* 1970). Ihre Repräsentanten können den Medizinern nicht die Verantwortung abnehmen, aber wesentlich zur Klärung und Lösung der anstehenden Probleme beitragen. Die dabei mitberührten Fragen der menschlichen Existenz überhaupt und der Humanität gehören nicht in den Zuständigkeitsbereich der exakten Naturwissenschaften, auch wenn diese die Grundvoraussetzungen zur Entwicklung der heutigen Medizin geschaffen haben. Ohne ihre Verdienste und ihre Bedeutung für die Gegenwart und Zukunft schmälern zu wollen, kann man aber doch sagen, daß gerade die von ihnen geschaffenen Möglichkeiten in den Konsequenzen über ihren eigenen Zuständigkeitsbereich hinausragen und die *Mitarbeit der Geisteswissenschaften erfordern.*
Die Medizin kann und darf niemals nur Naturwissenschaft sein, und auf dem erwähnten Ciba-Symposium 1962 in London (*Wolstenholme u. O'Connor* 1963) trat deutlich zutage, wie gefährlich es ist, „zwischen Geisteswissenschaften und Naturwissenschaften Grenzen zu errichten oder sie gar einander gegenüberzustellen" (*Autrum* 1970a). Dabei zeigte sich auch, daß selbst große Geisteskapazitäten nicht davor bewahrt werden, die inhumanen Konsequenzen ihrer Forschungen zu übersehen (*Thielicke* 1970). Die Vertreter der einzubeziehenden Wissenschaften sind jedoch mit der Problematik nicht aus eigenem Erleben vertraut. So ergibt sich für die Medizin an erster Stelle die Aufgabe, ihnen ständig die nötigen Informationen zuteil werden zu lassen und ihnen die Problematik aufzuzeigen, die sich im medizinischen und damit im menschlichen Bereich ergibt.
Solche Informationen müssen vor allem den Juristen zuteil werden, damit ihnen die im Vergleich zu früheren Zeiten völlig veränderte Situation im Grenzfeld zwischen Leben und Tod bekannt wird. So werden sie die Verhaltensweise der Ärzte verstehen und einsehen können.
Die Möglichkeit zur Aufklärung der Anklage- und Gerichtsbehörden in einem konkreten Fall sahen wir in den Universitätskliniken Homburg/Saar im Februar 1970 gegeben:

Beispiel 17: 25jähriger Mann
Am 10.2.1970 Klinikeinlieferung mehrere Stunden nach einer Messerstichverletzung der linken A. carotis communis. Sofortige Naht des Gefäßes unter laufender Schockbekämpfung (u.a. zehn Blutkonserven zu je 500 ml). Die komplette schlaffe Parese des rechten Beines, Teilparese des rechten Armes, Horner-Trias links und leichte Fazialisparese rechts blieben jedoch bestehen, obwohl beide Karotiden nach der operativen Versorgung der verletzten Arterie pulsierten.
11.2.1970: Status idem. Patient öffnete auf Anruf die Augen. Gegen 11 Uhr Verschlechterung der Atmung, Intubation, Temperaturanstieg bis 40°C und um 15 Uhr Herzstillstand, der sofort durch Beatmung und extrathorakale Herzmassage behoben wurde. Streckkrämpfe. Gegen 16 Uhr weite und lichtstarre Pupillen. Dauerbeatmung wegen Ausfalls der Spontanatmung. Blutgas- und Elektrolytuntersuchungen normal.
12.2.1970: Pupillenbefund gleichbleibend. Keinerlei Reaktionen auf äußere Reize, keine Reflexe auslösbar. Keine Spontanatmung. Blutdruckwerte im Normbereich.

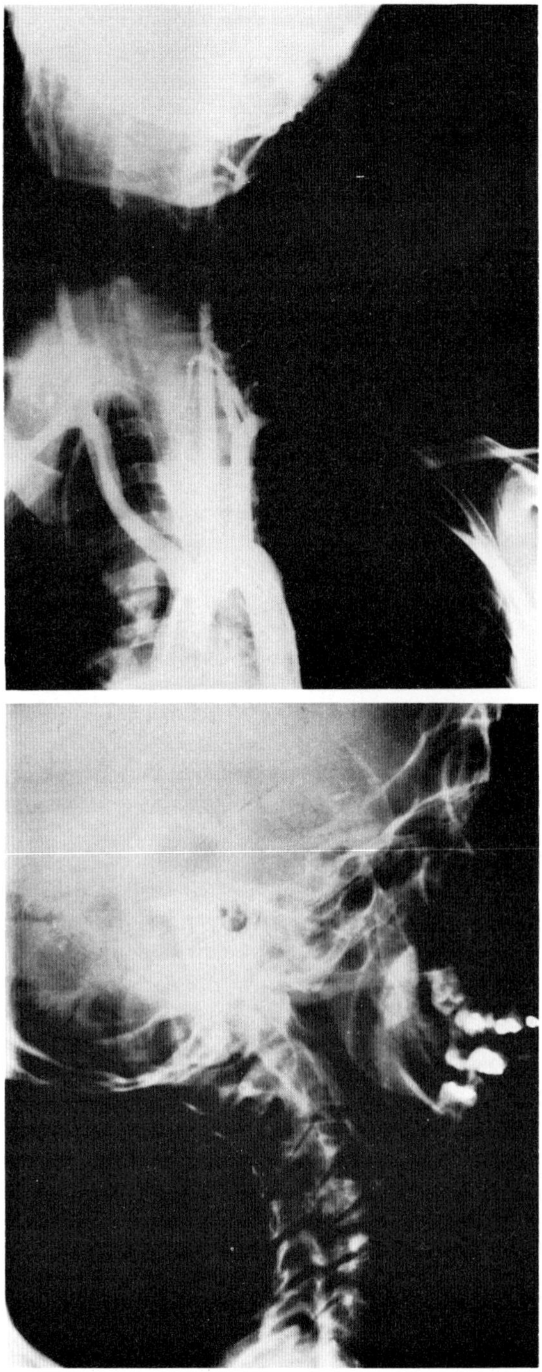

a)

b)

Abb. 13. Aortenbogenangiogramm von dem 25jährigen Patienten. Keine Darstellung des intrakraniellen Gefäßsystems.
a) 5 sec p.i.;
b) 4 sec p.i.;

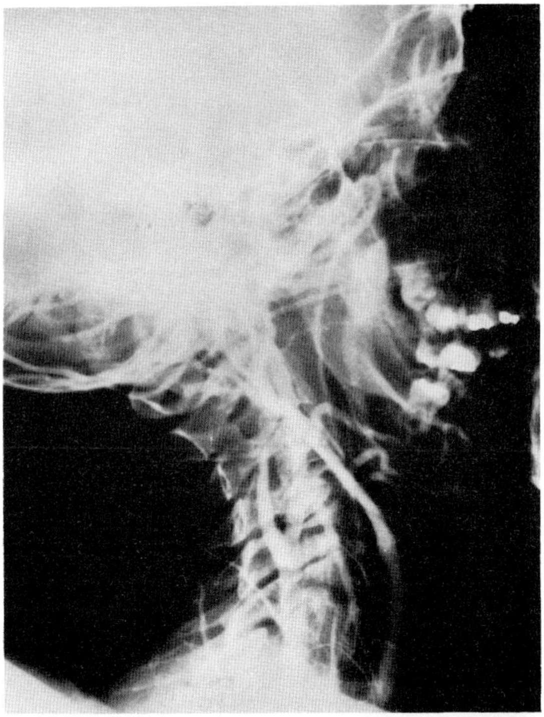

c)

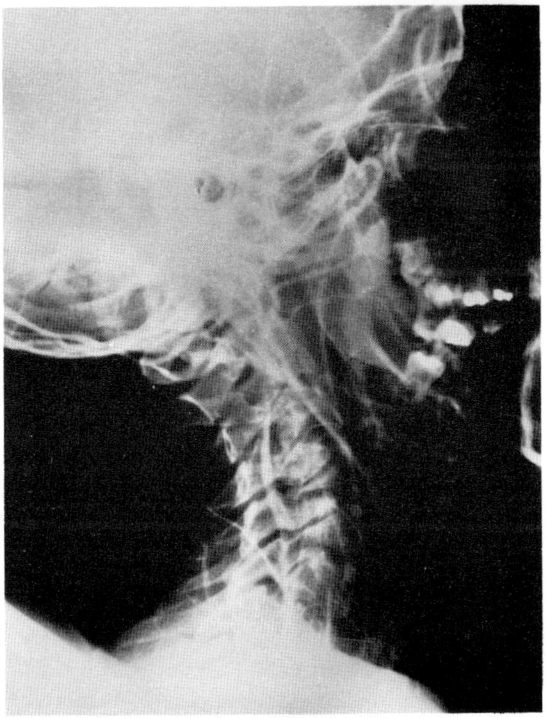

d)

c) 7 sec p.i.;
c) 11 sec p.i.

Aortenbogenangiogramm: keine Darstellung des intrakraniellen Gefäßsystems, wobei die Kontrastmittelsäule in beiden Aa. carotides internae an der Schädelbasis abbrach (Abb. 13a-d).
13.2.1970: Status idem. Kreislaufverhältnisse verschlechterten sich.
EEG-Ableitung: keinerlei Nachweis einer elektrischen Aktivität, sog. 0-Linien-EEG. Aufgrund dieser Befunde, der traumatischen Genese und der Verlaufsbeobachtungen galt der Hirntod als sicher nachgewiesen. Ein entsprechendes Sonderprotokoll wurde vom Direktor der Neurochirurgischen Universitätsklinik, einem Oberarzt und zwei Assistenten der Chirurgischen Klinik und einem Oberarzt des Instituts für Anästhesie unterschrieben.
Alle Befunde, auch am Patienten selbst, wurden in Gegenwart des Direktors des hiesigen Instituts für Gerichtliche Medizin den eingeladenen Vertretern der örtlichen Justiz- und Kriminalpolizeibehörden demonstriert. Danach wurde die künstliche Beatmung eingestellt. Etwa 25 min später Aussetzen der Herzaktion. Exitus letalis.

Gerichtliche Sektion (14.2.1970), Auszug: Vollständige Abflachung der Großhirnwindungen. Massive Hirnschwellung mit wäßriger Durchtränkung des Hirngewebes neben weitgehend fortgeschrittener Hirnerweichung, auch am Kleinhirn, links stärker als rechts. Fetzige Eröffnung der inneren Jugularvene.
Damit war auch der letzte Beweis für die Berechtigung zum Einstellen der Therapie erbracht und den Juristen Aufklärung über die Hirntodproblematik an einem konkreten Beispiel gegeben.

Dieser Fragenkreis fordert geradezu zum *interdisziplinären Gespräch* heraus. Leider wird allgemein in unserem Zeitalter dieser Notwendigkeit zu wenig Beachtung geschenkt, so daß größere Anstrengungen zur Behebung dieses Mißstandes unternommen werden müssen. Was *Buber* (1965) auf die Völker bezog, gilt auch für die Wissenschaften: „In ihren menschlichen Menschen müssen die Völker ins Gespräch kommen“, und es ist hinzuzusetzen: im Gespräch bleiben und aufeinander hören; denn wer zum Gespräch fähig sein will, muß hören können (*Gadamer* 1971).
Die Mediziner begeben sich in die Isolation, wenn sie ihre Sache nicht mehr dem Gespräch anvertrauen. Die Sicherung eines von wahrer Menschlichkeit getragenen Verhaltens auch in der Grenzphase zwischen Leben und Tod kann nur durch ein sich ergänzendes, bewußtes, produktives und gezieltes Zusammenwirken aller Wissenschaften, der Natur- und Geisteswissenschaften, gewährleistet werden. Die zugehörigen Bedingungen hat *Butenandt* (1970) hervorgehoben: „Es gehört dazu, ... das Ergebnis eigenen Nachdenkens und eigener Arbeit der Kritik anderer ständig auszusetzen ... Es gehört dazu das Wissen um die Grenzen unserer Erkenntnis, die Pflege der Ehrfurcht vor den Werken der Schöpfung, für die auch die denkenden Menschen Verantwortung tragen. Es gehört dazu das prägende Erlebnis des Wunders in diesen Werken und das Fragen nach dem Sinn des Daseins.“
Derartige Bestrebungen will offensichtlich auch der Träger des Nobelpreises für Medizin 1971, *Earl W. Sutherland,* durch Errichtung eines Zentrums für naturwissenschaftlich-philosophische Gespräche in Florida unterstützen.
Jeder einzelne von uns muß sich im Rahmen dieser Erziehung, Aus- und Weiterbildung jenes Maß an Verantwortungsbewußtsein aneignen, „... das ihn befähigt, sein eigenes Verhalten so zu bestimmen, daß er als Teil der Gemeinschaft nicht selbstsüchtig wird, sondern dem Ganzen dienend sich einzuordnen bemüht“ (*Butenandt* 1970).

Dem Arzt ist zur Erfüllung seiner Aufgaben geboten, sich mit den Problemen seiner Zeit zu befassen und auseinanderzusetzen, dabei auch über den Gesichtskreis seines eigenen Faches hinauszuschauen. Dann kann ihn die Synthese der jüngsten Erkenntnisse der Natur- und Geisteswissenschaften lehren, die „Gefährdungen sozialer Bemächtigungs- und Unterwerfungstendenzen besser rechtzeitig zu erkennen, sie abzuwehren und im ganzen menschlicher miteinander umzugehen“ (*Brocher* 1970) – zum Wohle unserer Patienten und von uns selbst. So werden wir auch bereit sein, im Wissen um unsere menschliche Unzulänglichkeit bescheiden genug zu sein, aber auch Verantwortung zu übernehmen und Entscheidungen zu treffen.

> „Denn nur wer mittut, kann auch die Richtung dieser Welt in dem Sinne beeinflussen, den er selbst für wünschenswert hält.“
>
> (*Heisenberg* 1971).

Kriterien des Hirntodes in einzelnen Ländern

Keine gesetzlichen Regelungen. Allgemein hohe Bewertung der Gesamtkonstellation (Ätiologie, klinische und Laborbefunde, Verlaufsbeobachtungen) (Tab. 1).

Tabelle 1. Kriterien des Hirntodes in einzelnen Ländern

Land	Keine Spontanatmung	Bilaterale lichtstarre Mydriasis	Areflexie	Fehlende Temperaturregulation	Fallender Blutdruck	EEG (flach od. 0-Linie)	Angiographie (intrakranieller Kreislaufstillstand)	Bemerkungen
Belgien								
Alexandre, G.P.J.	+	+	+		+	+ (mehrere Stunden)		Schädel-Hirn-Traumen
BRD								
Bundesärztekammer	+	+	+	+		+ (für 3 Tage)	+ (gl. Befund nach 3 Std.)	außer Hypothermie, Intoxikation, O_2-Überdruck
Dtsch. Ges. Chirurgie	+	+				+ (1 Std. lang, Wiederhol. n. 12 Std.)	+ (gl. Befund über 30 min)	dir. äußere Gewalteinwirkung, oder intrakranieller Druckanstieg
Dtsch. EEG-Ges.	+	+	+ (zerebrale)			+	+ (beide Karotiden u. Vertebrales)	Wiederhol. d. Angiogr. n. 30 min
ČSSR								
Minist. f. Ges.-Wes. 13.6.1966 (n. Bockelmann)	Festellung des Todes auf Grund der dem gegenwärtigen Stand der Wissenschaften entsprechenden Kriterien							
Komm. Ges. Anästhesiol. (n. Keszler)	Diagnose des zerebralen Todes durch klinische und Laboruntersuchungen. Bleiben Kriterien 48 Std. bestehen, so Todeserklärung durch mind. 2 Ärzte							
Dänemark								
Minist. Just. Committee	Tod = Ausfall der spontanen Atmung und Herztätigkeit und völlig irreversibel unterbrochene Gehirnaktivität							
Gormsen (Ger. Med., pers. Mitt.)	Keine offizielle Regelung der Definition und der Kriterien des Todes							

Tabelle 1. (Forts.)

Land	Keine Spontanatmung	Bilaterale lichtstarre Mydriasis	Areflexie	Fehlende Temperaturregulation	Fallender Blutdruck	EEG (flach od. 0-Linie)	Angiographie (intrakranieller Kreislaufstillstand	Bemerkungen
Finnland								
Uotila, Ger. Med., Finn. Ärztebund	+	+	+ (Fehlender Muskeltonus u. Gewebeturg.)		Keine Herzaktion n. Abst. d. Respirat.	+ (für 1 Std.)	+	Begriff „Hirntod" nur für spez. Kliniken
Bjorkesten u. Troupp Neurochir., Finn. Ärztebund	+	+		+	+	+	+	Schädel-Hirn-Traumen oder Hirnerkrank.
Frankreich								
Marseille, Chirurgical 18 (1966) 1	Ausfall aller zerebraler Funktionen: gesichert durch klinische und Laboruntersuchungen, die mindestens 48 Std. bestehen müssen							
Conseil nat. de l'ordre des méd. (Presse méd. 74 (1966) 952	+	+	+		+	+		3 Ärzte, davon 1 Chefarzt (Protokoll)
Hadengue (Ger. Med., pers. Mitt.) Circ. franc. 24.4.68	+	+	+		+	+		keine prim. Hypothermie oder Intoxikation, 2 Ärzte (Protokoll)
Großbritannien								
Comm. Med. Sci., Educat. Res. Brit. Med. Ass.	+				Herzstillstand	+ (für 5 min)		keine absolute Beweiskraft. Arzt soll entscheiden
Irland								
(n. Minist. Just. Comm. of Denmark)	Keine offizielle Festlegung der Todeskriterien. Arzt soll entscheiden							

Tabelle 1. (Forts.)

Land	Keine Spontanatmung	Bilaterale lichtstarre Mydriasis	Areflexie	Fehlende Temperaturregulation	Fallender Blutdruck	EEG (flach od. 0-Linie)	Angiographie (intrakranieller Kreislaufstillstand)	Bemerkungen
Italien (n. Bockelmann)	Methoden der Rechtsmedizin gültig, die durch Erlaß des Hochkommissars für öffentl. Gesundheitswesen festgelegt wurden							
Japan EEG-Society	+		+	+	+	+ (auch unter versch. Reizen)		außer Hypothermie u. Intoxikation
Kanada Canad. Med. Ass. 28.11.68	+	+	+			+ (für 10 min, wiederholen)		außer Hypothermie u. Intoxikation
Niederlande (n. Minist. Just. Comm. of Denmark)	Keine offizielle Festlegung der Todeskriterien. Arzt soll entscheiden							
Norwegen Lundevall (Ger.Med., pers. Mitt.)	Nachweis eines irreparablen Hirnschadens durch Bewußtlosigkeit und spez. neurol. Tests							
Schweden Sozialzentralamt 28.2.69	+		+	+	+			
	Allg. Einführung des Begriffes „Hirntod" abgelehnt. Nur med. Fakultät Göteborg hat sich dafür ausgesprochen							
Schweiz Akad. med. Wiss. 25.1.69	+	+	+		+	+	+ (über 20 min Beweis für Hirntod	außer Hypothermie, Intoxikation und Narkose
Spanien (n. Bockelmann)	Ähnliche Regelung wie in Italien							

Tabelle 1. (Forts.)

Land	Keine Spontanatmung	Bilaterale lichtstarre Mydriasis	Areflexie	Fehlende Temperaturregulation	Fallender Blutdruck	EEG (flach od. 0-Linie)	Angiographie (intrakranieller Kreislaufstillstand)	Bemerkungen
UdSSR	Keine offizielle Regelung							
Suslov, V. (Pers. Mitt. 1970)	+ (in Anlehnung an V. A. Negovski)	+				+ (kontinuierlich 1 Std.)		Beachtung des Grundleidens. Alle Kriterien 3 Std.
USA								
Amer. Med. Ass. (n. Holman, Dir. Abt. med. Ethik, pers. Mitt.)	Keine offizielle Stellungnahme							
Harvard Med. School	+		+ Keinerlei spontane Muskelbewegungen und keinerlei Reaktion auf verschiedenste Reize			+		außer Hypothermie und Depress. des ZNS. Alle Tests nach 24 Std. wiederholen

Literatur

Adams, M.: Reanimation, zerebraler Tod und Organtransplantation. Med. Trib. med. News 6 (1971) 17

Adams, R. D., M. Jequier: The brain death syndrome: Hypoxemic panencephalopathy. Schweiz. med. Wschr. 99 (1969) 65

Aitken, P. W.: The right to live and the right to die. Med. Tms (N.Y.) 95 (1967) 1184

American Medical Association: Statement on Heart Transplantation. Report of the Board of Trustees, Chicago, Dec. 1968

Ärzte des Kantons Bern: Stellungnahme zum Experimentieren am Menschen und zur Organverpflanzung. Münch. med. Wschr. 110 (1968) Beilage

Autrum, H.: Genetische Planung des Menschen? Universitas 23 (1968) 785

Autrum, H.: Biologie – Entdeckung einer Ordnung. Hanser, München 1970a

Autrum, H.: Probleme der genetischen Manipulierung des Menschen. Universitas 25 (1970b) 863

Balniel, Lord: Definition of Death. Brit. Med. J. 1968/II, 374

Barreneche, O.: Definition of Death. Working Paper of the Medical Ethics Committee of the World Medical Association, New York, March 1968

Bauer, K. H.: Über Rechtsfragen bei homologer Organtransplantation aus der Sicht des Klinikers. Chirurg 38 (1967) 245

Bauer, K. H.: Organtransplantation. Rechtsfragen aus der Sicht des Chirurgen. Langenbecks Arch. klin. Chir. 322 (1968) 22

Baum, P.: Organisatorische Aspekte der Intensivtherapie. Angest. Arzt 1968, 413

Baust, G., K. H. Martin: Rechtsfragen der Wiederbelebung. In: Anaesthesia '68, hrsg. von E. Danzmann. Gesellschaft für Anaesthesiologie und Reanimation der DDR, Berlin 1969

Beecher, H. K.: Ethical problems created by the hopelessly unconscious patient. New England J. Med. 278 (1968) 1425

Beecher, H. K.: After the "Definition of irreversible coma". New Engl. J. Med. 281 (1969a) 1070

Beecher, H. K.: Scarce resources and medical advancement. "Daedalus" J. Amer. Acad. Arts Sci. 1969b, 275

Berg, S.: Der Beweiswert der Todeszeitbestimmung (Überlebenszeit). Z. ges. gerichtl. Med. 25 (1968) 61

Bergman, S. H.: Tat in fremdem Auftrag – Der Staat und der Einzelne, Befehl und Gewissen. Universitas 26 (1971) 523

Bergstrom, M.: Definition of death. World Medical Association, New York 1968

Berufsordnung deutscher Ärzte: Dtsch. Ärztebl. 67 (1970) 2025

Bessert, J., W. Bushart, P. Rittmeyer: Zur Problematik des Spättodes nach temporärer zerebraler Ischämie. Melsunger med. Mitt. 44 (1970) 209

Bessert, J., W. Bushart, K. Horatz, P. Rittmeyer: Zur Zahl der potentiellen Organspender an einem Reanimationszentrum. Melsunger med. Mitt. 44 (1970) 213

Bessis, M.: Das Absterben der Zelle. Triangel 9 (1970) 191

Betz, E.: Zur Pathophysiologie der Sauerstoffversorgung. Z. prakt. Anästh. Wiederbeleb. 3 (1968) 261

Betz, E.: Energieversorgung und elektrische Aktivität des Gehirns. In: Der Hirntod, hrsg. von H. Penin, C. Käufer. Thieme, Stuttgart 1969

Bichat, M. F. X.: Recherches physiologiques sur la vie et la mort. Paris 1800. Zit. in Triangel 10 (1971) 39

Bihler, K., F. Wendlberger: Viermalige erfolgreiche Kreislaufwiederbelebung während der Behandlung eines schweren Tetanus. Z. prakt. Anästh. Wiederbeleb. 2 (1967) 167

Binding, K., A. Hoche: Die Freigabe der Vernichtung lebensunwerten Lebens. Meiner, Leipzig 1920

Biörck, G.: On the definitions of death. Wld med. J. 14 (1967) 137

Bjorkesten, G., H. Troupp: Definition of death. World Medical Association, New York 1968

Block, W.: Der Arzt und der Tod. Enke, Stuttgart 1966

Bock, H. E.: Arzt sein in unserer Gegenwart. Ärztl. Prax. 20 (1968) 1579

Bockelmann, P.: Strafrecht des Arztes. In: Lehrbuch der gerichtlichen Medizin, hrsg. von A. Ponsold. Thieme, Stuttgart 1967

Bockelmann, P.: Strafrecht des Arztes. Thieme, Stuttgart 1968a

Bockelmann, P.: Strafrechtliche Aspekte der Organtransplantation. Langenbecks Arch. klin. Chir. 322 (1968b) 44

Böckle, F.: In äußerster Gefahr ist das Äußerste zu wagen. Die Welt 14.2.1968a

Böckle, F.: Theologischer Beitrag zu den ethischen Problemen der Medizin. In: Ethisch-Medizinische Aspekte der Großen Strafrechtsreform. Tagung der Evangelischen Akademie, Bad Boll 11.-13.10.1968b

Böckle, F.: Ethische Aspekte der Organtransplantation beim Menschen. Stud. gen. 23 (1970) 444

Böth, F.: Das wissenschaftlich-medizinische Experiment. Neue jurist. Wschr. 20 (1967) 1493

Bretschneider, H. J.: Überlebens- und Wiederbelebungszeit des Herzens bei Normo- und Hypothermie. Verh. dtsch. Ges. Kreisl.-Forsch. 30 (1964) 11

Bretschneider, H. J.: Organtransplantationen. Universitas 25 (1970) 237

Britisches Gesundheitsministerium: Konferenzbericht 6.3.1968 und 6.5.1968. Brit. med. J. 1968/I, 833; 1968/II, 374

British Medical Association: Point of death. Brit. med. J. 1968/III, 65

Brocher, T.: Die Ergebnisse der wissenschaftlichen Psychologie und die heutige menschliche Existenz. Universitas 25 (1970) 693

Buber, M.: Das echte Gespräch und die Möglichkeiten des Friedens. In: Nachlese. Schneider, Stuttgart 1965

Buber, M.: Schriften zur Philosophie. Bd. I, Schneider, Heidelberg 1962 (S. 1107)

Bücheler, E., C. Käufer, A. Düx: Zerebrale Angiographie zur Bestimmung des Hirntodes. Fortschr. Röntgenstr. 113 (1970) 278

Bucher, E.: Die Ausübung der Persönlichkeitsrechte (Die Persönlichkeitsrechte des Patienten als Schranken der ärztlichen Tätigkeit). Diss., Jur. Fak. Zürich 1956

Bucher, E.: Rechtliche Probleme im Zusammenhang der Transplantatbeschaffung. In: Organtransplantation, hrsg. von F. Largiadèr. Thieme, Stuttgart 1966

Bücherl, E. S.: Neue Gesichtspunkte zur chirurgischen Behandlung unter den Bedingungen der Vita reducta. Verh. dtsch. Ges. Inn. Med. 69 (1963) 40

Büchner, F.: Vom geistigen Standort der modernen Medizin. Schulz, Freiburg 1957

Bundesärztekammer: Erklärung zur Definition des Begriffes „Tod". Wiss. Beirat, Köln 29.8.1968 (unveröffentlicht)

Bürger, M.: Altern und Krankheit. 3. Aufl. VEB Thieme, Leipzig 1957

Buschendorf, E.: Die strafrechtliche Problematik der Euthanasie und die Freigabe „lebensunwerten Lebens". In: Die Euthanasie, hrsg. von F. Valentin. Vandenhoeck & Ruprecht, Göttingen 1969

Bushart, W.: Der komatöse Patient – Vorschlag eines Fragebogens zur Diagnostik und Überwachung. Melsunger med. Mitt. 44 (1970) 113

Bushart, W.: Diskussionsbemerkung. In: Podiumsgespräch „Grenzen der Wiederbelebung und Intensivtherapie". In: Anaesthesiologie und Wiederbelebung, Bd. LV, hrsg von K. Hutschenreuter, K. Wiemers. Springer, Berlin 1971

Bushart, W., P. Rittmeyer: Kriterien der irreversiblen Hirnschädigung bei Intensivbehandlung. Med. Klin. 64 (1969a) 184

Bushart, W., P. Rittmeyer: Kriterien des Todes unter Berücksichtigung der modernen Möglichkeiten der Wiederbelebung und der Intensiv-Behandlung. Materia med. Nordmark 21 (1969b) 1

Bushart, W., P. Rittmeyer: Grenzen zwischen Leben und Tod. In: Praxis der Intensiv-Behandlung, hrsg. von P. Lawin. Thieme, Stuttgart 1971

Butenandt, A.: Aufgaben der Forschung und Probleme der Förderung. Universitas 25 (1970) 897

Canadian Medical Association: Statement on Death. Toronto, 28.11.1968

Celio, A.: Erfolgreiche Wiederbelebung bei Herzstillstand wegen Coronarverschlusses. Schweiz. med. Wschr. 85 (1955) 882

Church Assembly Board for Social Responsibility: Decisions about life and death. Church Information Office, London 1965

Clough, A. H.: A choice of Clough's Verse. Thorpe, London 1969

Conley, J.: Rights of the dying patient. Arch. Otolaryng. 90 (1969) 27

Creifelds, C.: Rechtswörterbuch. Beck, München 1968

Crosby, D. L.: Determination of death. Lancet 1970/I, 1287

Degenhard, B.: Strafrechtsreform – Sanitätswesen der Bundeswehr. Dtsch. Ärztebl. 46 (1967) 1520

Dehnhardt, H. G.: Begegnung mit dem Menschen. Dtsch. Ärztebl. 66 (1969) 816

Denecke, J. F. V.: Der Scheintod als publizistische Sensation. Herz-Kreisl. 1 (1969) 435

Derra, E.: Der Erfolg hängt vom Zufall ab. Christ u. Welt. 15.12.1967

Deutsche EEG-Gesellschaft: Empfehlungen zur Bestimmung der Todeszeit. Z. Elektroenzephalogr. Elektromyogr. 1 (1970) 52

Deutsche Gesellschaft für Chirurgie: Kommission für Reanimation und Organtransplantation: Kriterien des Todes. Chirurg 39 (1968) 196
Dichganz, G.: Der Kopf. Frankf. Allg. Zeitg. 7.8.1968
Dirks, W.: Das Recht am eigenen Tod. Die Zeit. 4.4.1969
Dohmen, M.: Moderne Intensivbehandlung in der Chirurgie. Med. Welt 21 (1970) 2171
Dormann: Diskussionsbemerkung. In: Ausschuß „Vorstandsarbeit und Planung" der XXIII. Generalversammlung des Weltärztebundes in Paris. Dtsch. Ärztebl. 66 (1969) 2096
Effert, S.: Herzstillstand. Wiederbelebung bei geschlossenem Thorax. Internist 6 (1965) 483
Ehrhardt, H.: Euthanasie und Vernichtung „lebensunwerten" Lebens. Enke, Stuttgart 1965
Ehrhardt, H.: Euthanasie. In: Arzt und Recht, hrsg. von H. Göppinger. Beck, München 1966
Eichhorn, S.: zit. bei Schöne, H.
Eisenburg, J.: Menschlich sterben – Aufgabe und Verantwortung des Arztes. Fortschr. Med. 90 (1972) 81
Elkinton, J. R.: When do we let the patient die? Ann. intern. Med. 68 (1968) 695
Emminger, E., O. Weickert: Der Zeitfaktor bei der Reanimation. Münch. med. Wschr. 112 (1970) 2275
Engisch, K.: Wie ist rechtlich die Verantwortlichkeit des Chirurgen im Verhältnis zur Verantwortlichkeit des Anaesthesisten bei ärztlichen Operationen zu bestimmen und zu begrenzen? Langenbecks Arch. klin. Chir. 297 (1961) 236
Engisch, K.: Über Rechtsfragen bei homologer Organtransplantation. Chirurg 38 (1967) 252
Feige, S.: Diskussionsbemerkung. In: Rundgespräch „Atemstillstand – Herzstillstand – Tod". Langenbecks Arch. klin. Chir. 325 (1969) 1092
v. Ferber, C.: Der Tod. Ein unbewältigtes Problem für Mediziner und Soziologen. Kölner Z. Soziologie u. Sozialpsychologie. 22 (1970) 237
Fischer, J.: Entwurf: Leitsätze zum Thema „Evangelische Verantwortung für gesundes Leben". Z. evang. Ethik 4 (1960) 368
Fischer, J.: Euthanasie heute? Kaiser, München 1968
Fleckenstein, H.: Metaphysische und ethische Probleme des Alters. In: Alter und Alterskrankheiten, hrsg. von R. Gädeke. Hippokrates, Stuttgart 1967
Fletcher, G. P.: Legal aspects of the decision not to prolong life. J. Amer. med. Ass. 203 (1968) 119
Foldes, F. F.: Diskussionsbemerkung. In: 3. Internationaler Fortbildungskurs für klinische Anästhesie, 5.–8.10.1970, Homburg/Saar
Fox, Sir Th.: Purposes of medicine. Lancet 1965/II, 801
Frey, R.: Der Stand der Anaesthesie und Wiederbelebung in der heutigen Medizin. Universitas 24 (1969) 1279
Friedmann, F. G.: Brief an einen radikalen Studenten. Stimmen d. Zeit 93 (1968) 145
Fritsche, P.: Konfliktsituationen in der heutigen Medizin. Z. Laryng. Rhinol. 47 (1968) 317
Fritsche, P., O. Mayrhofer: Grenzsituationen in der Anaesthesie und Wiederbelebung. In: Lehrbuch d. Anaesthesiologie und Wiederbelebung, hrsg. von R. Frey, W. Hügin, O. Mayrhofer. Springer, Berlin 1971
Frowein, R. A.: Zentrale Atemstörungen bei Schädel-Hirnverletzungen. In: Fortschritte der Kiefer- und Gesichtschirurgie, Bd. XI, hrsg. von K. Schuchardt. Thieme, Stuttgart 1966
Frowein, R. A.: Diskussionsbemerkungen. In: Der Hirntod, hrsg. von H. Penin, C. Käufer. Thieme, Stuttgart 1969
Frowein, R. A.: Pathophysiologie der intrakraniellen Drucksteigerung. Langenbecks Arch. klin. Chir. 327 (1970) 937
Frowein, R. A., F. Pohl: Klinische Beobachtungen bei zerebralen Zirkulationsstillständen und Hirntod-Syndrom. In: Fortschritte auf dem Gebiet der Neurochirurgie, hrsg. von K. A. Bushe. Hippokrates, Stuttgart 1970
Gadamer, H. G.: Die heutige Unfähigkeit zum Gespräch als philosophisches Problem. Universitas 26 (1971) 1295
v. Gebsattel, V. E.: Not und Hilfe. Prolegomena zu einer Wesenslehre der geistig-seelischen Hilfe. Caritas, Freiburg 1947
Geilen, G.: Das Leben des Menschen in den Grenzen des Rechts. Z. ges. Familienrecht 15 (1968) 121
Gerchow, J.: Der forensiche Beweiswert ärztlicher Befunde und naturwissenschaftlicher Untersuchungsmethoden. Beitr. gerichtl. Med. 25 (1969) 29
Gerlach, J.: Individualtod – Partialtod – Vita reducta. Münch. med. Wschr. 110 (1968a) 980
Gerlach, J.: Die Definition des Todes in ihrer heutigen Problematik für Medizin und Rechtslehre. Arztrecht (1968b) 83

Gerlach, J.: Gehirntod und totaler Tod. Münch. med. Wschr. 111 (1969a) 732

Gerlach, J.: Syndrome des Sterbens und der Vita reducta. Münch. med. Wschr. 111 (1969b) 169

Gerlach, J.: Die Grundlage der Feststellung des Todes und der Todeszeit. Arztrecht (1969c) 121

Gerlach, J.: Die Definition des Todes in der Medizin. Münch. med. Wschr. 112 (1970a) 65

Gerlach, J.: Grenzen der Hilfe für Behinderte. Fortschr. Med. 88 (1970b) 253

Gerstenbrand, F.: Diskussionsbemerkungen. In: Der Hirntod, hrsg. von H. Penin, C. Käufer. Thieme, Stuttgart 1969

Giebe, K.-H.: Die ärztliche Leichenschau in Niedersachsen. Niedersächs. Ärztebl. 13 (1969) 498

Giertz, G. B.: Ethical problems in medical procedures in Sweden. In: Ethics in Medical Progress, hrsg. von G. E. W. Wolstenholme, M. O'Connor. Churchill, London 1966

Gilder, S. S. B.: The moment of death. (Editorial) World med. J. 14 (1967) 133

Glees, P.: Das menschliche Gehirn. Hippokrates, Stuttgart 1968

Goetzeler, R.: Gedanken zum Problem der Euthanasie de lege lata und de lege ferenda. Schweiz. Z. Strafrecht 65 (1950) 403

Gogarten, F.: Was ist Christentum? Vandenhoeck u. Ruprecht, Göttingen 1965

Göppinger, H.: Medizinisch-juristische Grenzprobleme unserer Zeit. In: Arzt und Recht, hrsg. von H. Göppinger. Beck, München 1966

Gordon, J.: The biological definition of death. J. forens. Med. 15 (1968) 5

Gött, U.: Diskussionsbemerkungen. In: Die Intensivpfiege der operativen Fächer. Melsunger med. Mitt. 44 (1970) 241

Gross, M. L.: The doctors. Dell, New York 1966

Gruber, G. B.: Arzt und Ethik. de Gruyter, Berlin 1956

Grünwald, G.: Heilbehandlung und ärztliche Aufklärungspflicht. In: Arzt und Recht, hrsg. von H. Göppinger. Beck, München 1966

Gütgemann, A.: Über ärztliche Verantwortung in der Chirurgie. Münch. med. Wschr. 109 (1967) 333

Gütgemann, A.: Vorwort. In: Der Hirntod, hrsg. von H. Penin, C. Käufer. Thieme, Stuttgart 1969

Gütgemann, A., C. Käufer: Zeichen und Zeitpunkt des Todes im Hinblick auf Organtransplantationen. Dtsch. Ärztebl. 66 (1969) 2659

Gütgemann, A., W. Vahlensieck: Voraussetzungen zur Nierentransplantation. Dtsch. med. Wschr. 93 (1968) 671

Hadengue, A.: Les autopsies et leur réglementation. Gaz. méd. Fr. 76 (1969) 1938

Haefliger, E.: Der Arzt und der Tod. In: Krankenhausprobleme der Gegenwart. Bd. II, hrsg. von E. Haefliger, V. Elsasser. Huber, Bern 1968

Haid, B.: Religiös-sittliche Fragen betreffend die Wiederbelebung (Resuscitation, Reanimation) (Papst Pius XII.) Anaesthesist 7 (1958) 241

Halbe, T.: Sterben und Tod in unserer Zeit. Allg. Zeitg. Mainz 22./23.11.1970

Halley, M. M., W. F. Harvey: Medical and legal definitions of death. J. Amer. med. Ass. 204 (1968) 103

Hamburger, J.: Progrès de la médecine et responsabilités du médecin. Sonderdruck aus: Deuxième Congrès International de Morale Médicale, Paris 24.–27.5.1966

Hamlin, H.: Life or death by EEG. J. Amer. med. Ass. 190 (1964) 112

Hanack, E.-W.: Todeszeitbestimmung, Reanimation und Organtransplantation. Dtsch. Ärztebl. 66 (1969a) 1320

Hanack, E.-W.: Zur strafrechtlichen Problematik vom Beginn und Ende menschlichen Lebens. Nervenarzt 40 (1969b) 505

Hanack, E.-W.: Rechtsprobleme bei Organtransplantationen. Stud. gen. 23 (1970) 428

Hannah, J. E.: The signs of death: Historical Review. N. C. med. J. 28 (1967) 457

Hansen, G.: Diagnose des Todes, Reanimation, Organtransplantation. Z. ärztl. Fortbild. 63 (1969) 237

Harbauer, G.: zit. bei K. T. Hofmann u. Mitarb. 1966

Harlem, O. K.: Determination of death. Working Paper of the Medical Ethics Committee, 62nd Council Session World Medical Association, New York March 1968

Harvard Medical School Committee: A definition of irreversible coma. Report of the Ad Hoc Committee to Examine the Definition of Brain Death. J. Amer. med. Ass. 205 (1968) 337

Hasenclever, A., A. Hess: Weltkongreß über Recht und Medizin. Dtsch. Ärztebl. 67 (1970) 3854

Heinemann, G.: Der Gesetzgeber darf nichts überstürzen. Die Welt 14.2.1968

Heinemann, G.: Mündigkeit und Verantwortung im Umgang mit der Technik. Saarl. Ärztebl. 23 (1970) 571

Heinitz, E.: Rechtliche Fragen der Organtransplantation. de Gruyter, Berlin 1970

Heisenberg, W.: Der Teil und das Ganze. Piper, München 1969

Heisenberg, W.: Schritte über Grenzen. Piper, München 1971

Heiskanen, O.: Cerebral circulatory arrest caused by acute increase of intracranial pressure. Acta neurol. scand. Suppl. 7 (1964) 6

Heitler, W.: Naturwissenschaftliche Streifzüge. Vieweg, Braunschweig 1970

Hinderling, H.: Die Transplantation von Organen als Rechtsproblem. Schweiz. med. Wschr. 98 (1968) 773

Hinderling, H.: Juristische Aspekte der Organtransplantation. Schweiz. med. Wschr. 100 (1970) 401

Hinderling, H.: Diskussionsbemerkungen. In: Podiumsgespräch „Grenzen der Wiederbelebung und Intensivtherapie". In: Anaesthesiologie und Wiederbelebung, Bd. LV, hrsg. von K. Hutschenreuter, K. Wiemers. Springer, Berlin 1971

Hirsch, H.: Über die Bedeutung der asphyktischen Herzschädigung für die Wiederbelebungszeit bei Normo- und Hypothermie. Verh. dtsch. Ges. Kreisl.-Forsch. 23 (1957) 148

Hirsch, H.: Diskussionsbemerkungen. In: Podiumsgespräch „Grenzen der Wiederbelebung und Intensivtherapie". In: Anaesthesiologie und Wiederbelebung, Bd. LV, hrsg. von K. Hutschenreuter, K. Wiemers. Springer, Berlin 1971

Hirsch, H., M. Schneider: Durchblutung und Sauerstoffaufnahme des Gehirns. In: Handbuch der Neurochirurgie, Bd. I/2, hrsg. von H. Olivecrona, W. Tönnis. Springer, Berlin 1968

Hirsch, H., K. H. Euler, M. Schneider: Über die Erholung und Wiederbelebung des Gehirns nach Ischämie bei Normothermie. Pflügers Arch. ges. Physiol. 265 (1957) 281

Hirsch, H., D. Koch, W. Kraenkel, M. Schneider: Die Erholungslatenz des Warmblütergehirns bei Ischämie und die Bedeutung eines Restkreislaufes. Pflügers Arch. ges. Physiol. 261 (1955) 392

Hirsch, H. H.: Wiederbelebung beim akuten Kreislaufstillstand. Ein medizinisches und ein rechtliches Problem. Dtsch. Ärztebl. 63 (1966) 565

Hockaday, J. M., F. Potts, E. Epstein, A. Bonazzi, R. S. Schwab: Electroencephalographic changes in acute cerebral anoxia from cardiac or respiratory arrest. Electroenceph. clin. Neurophysiol. 18 (1965) 575

Hofmann, K. T., G. Harbauer, A. Schmidt: Traumatische Perikardruptur mit Luxation des Herzens. Thoraxchir. 14 (1966) 62

Hutschenreuter, K.: Grenzen von Leben und Tod. Saarl. Ärztebl. 22 (1969) 471

Isselhard, W.: Akuter Sauerstoffmangel und Wiederbelebung. Dtsch. med. Wschr. 90 (1965) 349

Japanische EEG-Gesellschaft: Report of the ad hoc Committee of Japan EEG Society to define the brain death. Tokio 10.8.1969

Jaspers, K.: Die geistige Situation der Zeit. Samml. Göschen, Bd. C, de Gruyter, Berlin 1931

Jaspers, K.: Das heutige Schicksal der Menschheit und das philosophische Denken. Universitas 23 (1968) 1121

Joncheres, J.: The signs of death. Working paper of the Medical Ethics Committee of the World Medical Association, New York March 1968

Jores, A.: Der Tod und der Arzt. In: Synopsis, H. 3, hrsg. von A. Jores. Park, Hamburg 1949

Jores, A.: Die Verantwortung des Arztes. Mat. med. Nordm. 19 (1967) 189

Jost, A.: Das Recht auf den Tod. Dieterich, Göttingen 1895

Jung, H. H.: Die neue Rechtssprechung des Bundesgerichtshofs zur Beweislast im ärztlichen Haftpflichtrecht. Saarl. Ärztebl. 23 (1970) 469

Jungk, R., H. J. Mundt: Das umstrittene Experiment: Der Mensch. Desch, München 1966

Kaemmerer, E., G. Dolce: Zur Kenntnis des sogenannten apallischen Syndroms. Münch. med. Wschr. 108 (1966) 263

Kaiser, G.: Künstliche Insemination und Organtransplantation. In: Arzt und Recht, hrsg. von H. Göppinger, Beck, München 1966

Kaiser, G.: Juristische und rechtspolitische Probleme der Transplantation und Reanimation. Med. Klin. 62 (1967) 643

Käufer, C., H. Penin: Todeszeitbestimmung beim dissoziierten Hirntod. Dtsch. med. Wschr. 93 (1968) 679

Käufer, C., H. Penin, E. Bücheler: Arterio-hirnvenöse Sauerstoffdifferenz und zerebrale Angiographie beim Hirntod. Melsunger med. Mitt. 44 (1970) 199

Käufer, C., H. Penin, A. Düx, G. Kersting, H. Schneider, S. Kubicki: Zerebraler Zirkulationsstillstand bei Hirntod durch Hypoxydosen. Fortschr. Med. 87 (1969) 713

Kaufmann, R.: Die Menschenmacher. Fischer, Frankfurt 1964

Kautzky, R.: Fragen „ärztlicher Ethik" in der Neurochirurgie. Acta neurochir. 6 (1958) 215

Kautzky, R.: Der ärztliche Kampf um das Leben des Patienten „bis zum letzten Atemzug". Hochland 53 (1961) 303

Kautzky, R.: Die ärztliche Manipulation des menschlichen Lebens. Umschau 1968a, 193

Kautzky, R.: Überlegungen zur ethischen Beurteilung der Herztransplantation. Arzt u. Christ. 14 (1968b) 55

Kautzky, R.: Wir wissen, daß wir noch immer nicht genug wissen. Die Welt 14.2.1968c

Kehler, E.: Der Arzt im Konflikt zwischen Wissenschaft und Ethik. Dtsch. Ärztebl. 66 (1969) 1733

Keszler, H., A. Oppelt, K. Sliz, K. Vyska: Cerebral circulation and resuscitation. Acta anaesth. scand. Suppl. 29 (1968) 61

Kimura, J., H. W. Gerber, W. F. McCormick: The isoelectric electroencephalogram. Arch. intern. Med. 121 (1968) 511

Kirchhoff, H.: Der Arzt im Konflikt zwischen Wissenschaft und Ethik. Dtsch. Ärztebl. 65 (1968) 2951

Koelbing, H. M.: Ärztliche Deontologie im Wandel der Zeit. Praxis 59 (1970) 1147

Kohlhaas, M.: Rechtsfragen zur Transplantation von Körperorganen. Neue jurist. Wschr. 20 (1967a) 1489

Kohlhaas, M.: Lebensrettung wider Willen. Münch. med. Wschr. 109 (1967b) 2176

Kohlhaas, M.: Zur Feststellung des Todeszeitpunktes Verstorbener. Dtsch. med. Wschr. 93 (1968a) 412

Kohlhaas, M.: Grenzen ärztlichen Handelns. Saarl. Ärztebl. 21 (1968b) 105

Kohlhaas, M.: Medizin und Recht. Urban & Schwarzenberg, München 1969

Koichi, B.: Legal problems involved in heart transplantation. Asaki J. 10 (1968)

Kramer, W.: From reanimation to deanimation. Acta neurol. scand. 39 (1963) 139

Kramer, W.: Die Schwelle zum Tode. Ärztl. Praxis 20 (1968) 1091

Krayenbühl, H., M. G. Yasargil: Die zerebrale Angiographie. Thieme, Stuttgart 1965

Kress v., H.: Über ärztliche Haltung und Handlung. Dtsch. med. J. 11 (1960) 545

Kress v., H.: Die ärztliche Einstellung zum Tode. Sanitas, Berlin 1966

Kress v., H.: Das Problem des Todes. In: Handbuch der allgemeinen Pathologie, Bd. I, hrsg. von H.-W. Altmann, F. Büchner, H. Cottier, E. Grundmann, G. Holle, E. Letterer, W. Masshoff, H. Meessen, F. Roulet, G. Seifert, G. Siebert, A. Studer. Springer, Berlin 1969

Kress v., H.: Ärztliche Fragen der Organtransplantation. de Gruyter, Berlin 1970

Kretschmer, H.: Zur Problematik der Todeszeitbestimmung aus neurochirurgischer Sicht. Z. ärztl. Fortb. (Jena) 63 (1969) 884

Kügler-Podelleck, I., G. Rodewald, K. Horatz, S. Kügler, P. Müller-Brunotte: Erfolgreiche Wiederbelebung bei Ertrinken in Eiswasser. Dtsch. med. Wschr. 90 (1965) 74

Kuhlendahl, H.: Zwischen Leben und Tod. In: Was ist der Tod?, hrsg. von J. Schlemmer. Piper, München 1969

Kühnert, H.: Todesdefinition und Transplantationsgesetz. Frankf. Allg. Zeitg. 27.5.1969

Kühnert, H.: Das Herz macht den Juristen. Frankf. Allg. Zeitg. 21.9.1970

Kvittingen, R. D., A. Naess: Recovery from drowning in fresh water. Brit. med. J. 1963/I, 1315

Labhardt, F.: Die psychosomatische Medizin und ihre Bedeutung für den heutigen Menschen. Universitas 23 (1968) 1149

Largiadèr, F.: Indikationen und heutige Resultate der Organtransplantationen. Münch. med. Wschr. 111 (1969) 2665

Laves, W.: Agonie. Münch. med. Wschr. 107 (1965) 113

Laves, W., S. Berg: Agonie. Physiologisch-chemische Untersuchungen bei gewaltsamen Todesarten. In: Arbeitsmethoden der medizinischen und naturwissenschaftlichen Kriminalistik, Bd. II, hrsg. von E. Weinig, S. Berg. Schmidt-Römhild, Lübeck 1965

Lawin, P.: Praxis der Intensivbehandlung. Thieme, Stuttgart 1971

Lemaire, A.: Mort et réanimation. Le Monde 20.8.1963

Lhermitte, F.: Progrès de la médecine et responsabilité du médecin. Sonderdruck aus: Deuxième Congrès Internationale de Morale Médicale, Paris, 24.–27.5.1966

Liebhardt, E.: Zivilrechtliche Probleme an der Grenze zwischen Leben und Tod. Dtsch. Z. ges. gerichtl. Med. 57 (1966) 31

Liebhardt, E., H.-B. Wuermeling: Juristische und medizinisch-naturwissenschaftliche Begriffsbildung und die Feststellung des Todeszeitpunktes. Münch. med. Wschr. 110 (1968) 1661

Linder, F.: Diskussionsbemerkungen: In: Podiumsgespräch „Grenzen der Wiederbelebung und Intensivtherapie". In: Anaesthesiologie und Wiederbelebung, Bd. LV, hrsg. von K. Hutschenreuter, K. Wiemers. Springer, Berlin 1971

Loew, F.: Diskussionsbemerkungen. In: Rundgespräch „Atemstillstand – Herzstillstand – Tod". Langenbecks Arch. klin. Chir. 325 (1969) 1092

Loew, F.: Diskussionsbemerkungen: In: Podiumsgespräch „Grenzen der Wiederbelebung und Intensivtherapie". In: Anaesthesiologie und Wiederbelebung, Bd. LV, hrsg. von K. Hutschenreuter, K. Wiemers. Springer, Berlin 1971

Lomas, B.: Über einige Erwägungen zum Begriff des menschlichen Todes in seiner Relevanz für Medizin und Recht. Z. ärztl. Fortbild. 64 (1970) 1271

Lommel, F.: Die Erhaltung der moralischen Energie. Dtsch. Ärztebl. 66 (1969) 1265

Lorenz, R.: Kriterien der Hirntätigkeit in lebensbedrohten Zuständen – ein Beitrag zur Frage des zentralen Todes. Acta neurochir. 20 (1969) 309

Löther, R.: Medizin in der Entscheidung. VEB Verlag der Wissenschaften, Berlin 1967

Lundevall, J.: Legal and ethical aspects of resuscitation. Acta anaesth. scand. Suppl. 29 (1968) 357

Lüth, P.: Edle Einfalt oder stille Größe? Der Eid des Hippokrates und die Folgen. Dtsch. Ärztbl. 67 (1970) 422

Mandt, P.: Geltendes und geplantes Strafrecht. Teil 1 u. 2. Dtsch. Ärztebl. 66 (1969) 3335, 3489

Marlet, M.: Die ethischen Grenzen der sogenannten „intensive care". Schweiz. Ärzteztg. 49 (1968) 873

Marlet, M.: Medizinische Experimente am Menschen. Orientierung 33 (1969) 21

Marshall, T. K.: Premature burial. Med.-leg. J. 35 (1967) 14

Martini, P.: zit. bei H. v. Kress 1960

Masshoff, W.: Allgemeines zur Vita reducta. In: Verh. Dtsch. Ges. f. Innere Med., 69. Kongr., hrsg. von B. Schlegel. Bergmann, München (1963)

Masshoff, W.: Zum Problem des Todes. Münch. med. Wschr. 110 (1968) 2473

Maurach, R.: Deutsches Strafrecht. Besonderer Teil. Müller, Karlsruhe 1964

Merz, H.: Anfang und Ende der Persönlichkeit. Z. schweiz. Recht. 76 (1957) 321

van der Meulen, J.: Der Arzt im Konflikt zwischen Wissenschaft und Ethik. Dtsch. Ärztebl. 66 (1969) 1734

Ministry of Justice Committee: Legislation on Translation. Act No 246 (9.6.67) Concerning Removal of Human Tissue. Nation Health Service of Denmark 1968

Mitscherlich, A., F. Mielke: Medizin ohne Menschlichkeit. Fischer Bücherei, Frankfurt 1960

Mollaret, P.: Les ultimes possibilités de la réanimation. Presse méd. 70 (1962a) 1695

Mollaret, P.: Über die äußersten Möglichkeiten der Wiederbelebung. Die Grenzen zwischen Leben und Tod. Münch. med. Wschr. 104 (1962b) 1539

Mollaret, P.: Wiederherstellung nach monatelanger künstlicher Beatmung. Münch. med. Wschr. 104 (1962c) 2197

Mollaret, P., M. Goulon: Le coma dépassé. Rev. neurol. 101 (1959) 3

Moniz, E.: L'encéphalographie artérielle, son importance dans la localisation des tumeurs cérébrales. Rev. neurol. 11 (1927) 73

Moore, E. G.: Some legal aspects of one's duty to the sick. In: Decisions About Life and Death, hrsg. von Church Assembly Board for Social Responsibility. Church Information Office, London 1966

Moore, F. D.: Cardiac and other organ Transplantation. J. Amer. med. Ass. 206 (1968) 2489

Moritz, G., S. Wende: Zum Stand der zerebralen Angiographie. Fortschr. Med. 89 (1971) 940

Mörl, F.: Über Fragen der verlängerten Agonie und des „künstlichen Lebens". Nova Acta Leopoldina N. F. 173 (1965) 339

Müller, E.: Zur strafrechtlichen Regelung ärztlicher Eigenmacht im sogenannten Alternativ-Entwurf. Saarl. Ärztebl. 24 (1971) 558

Müller, H. R.: Zur Problematik der flachen Hirnstromkurve und der Diagnose „Hirntod" nach akuter zerebraler Anoxie. Med. Klin. 61 (1966) 1955

Müller, P. H.: Legal medicine and the delimitation of death. World med. J. 14 (1967) 140

Negovski, V. A.: Pathophysiologie und Therapie der Agonie und des klinischen Todes. Akademie-Verlag, Berlin 1959

Negovski, V. A.: Some physiopathologic regularities in the process of dying and resuscitation. Circulation 23 (1961) 452

Negovski, V. A.: Zur Wiederbelebung des Organismus. Anaesthesist 12 (1963) 277

Neuhaus, G.: Pathophysiologie und Klinik von Erkrankungen bei Patienten unter den Bedingungen der Vita reducta. In: Verh. Dtsch. Ges. Innere Med., 69. Kongr., hrsg. von B. Schlegel. Bergmann, München 1963

Nissen, R.: Chirurgisches Dilemma. Dtsch. med. Wschr. 89 (1964) 589

Nissen, R.: Aspekte der Reanimation. Hippokrates 38 (1967) 232

Opitz, E., M. Schneider: Über die Sauerstoffversorgung des Gehirns und den Mechanismus von Mangelwirkungen. Ergebn. Physiol. 46 (1950) 126

van Oyen, H.: Grenzfälle in der medizinischen Ethik. Z. evang. Ethik 4 (1960) 193

van Oyen, H.: Bemerkungen zu den Leitsätzen von Dr. Fischer „Evangelische Verantwortung für gesundes Leben". Z. evang. Ethik 4 (1960) 369

Page, J. H.: The ethics of heart transplantation. J. Amer. med. Ass. 207 (1969) 109

Penin, H.: Diskussionsbemerkungen: In: Der Hirntod, hrsg. von H. Penin, C. Käufer. Thieme, Stuttgart 1969

Penin, H., C. Käufer: Klinische und hirnelektrische Befunde des Hirntodes. Melsunger med. Mitt. 44 (1970) 193

Picht, G.: Der Gott der Philosophen und die Wissenschaft der Neuzeit. Klett, Stuttgart 1966

Picht, G.: Wann kommt die Wissenschaft zur Vernunft. Christ u. Welt 31.1. und 7.2.1969

Pilling, H. H.: When is life extinct? Brit. med. J. 1968/I, 576

Pius XII.: Anaesthesie und menschliche Persönlichkeit (ref. n. B. Haid). Anästhesist 6 (1957) 197

Pius XII.: Religiös-sittliche Fragen betreffend die Wiederbelebung (Resuscitation, Reanimation) (ref. n. B. Haid) Anästhesist 7 (1958) 241

Plessner, H.: Technik und Gesellschaft in Gegenwart und Zukunft. Universitas 24 (1969) 1241

Pokorny, J.: Die Diagnose des Todes im Lichte der modernen Wiederbelebung. In: Anaesthesia '66, hrsg. von M. Meyer, Deutsche Gesellschaft für klinische Medizin der DDR, Berlin 1967

Pompey, H.: Gehirntod und totaler Tod. Münch. med. Wschr. 111 (1969) 736

Portmann, A.: Experimente am Menschen – Möglichkeiten und Konsequenzen heutiger Forschung. Universitas 25 (1970) 1121

Poulsen, H.: Untersuchungen über künstliche Atmung in der Ersten Hilfe. Anaesthesist 9 (1960) 141

Pribilla, O.: Juristische, ärztliche und ethische Fragen zur Todesfeststellung. Dtsch. Ärztebl. 65 (1968) 2256

Pribilla, O.: Neuere Probleme der Todesfeststellung. Ärztl. Praxis 21 (1969) 5803; 22 (1970) 4

Probst, J.: Wie lange muß nach Unfallverletzung beatmet werden? Med. Klin. 63 (1968) 77

Prosenz, P., H. Tschabitscher: Die Bedeutung des Kollateralkreislaufs bei der Carotis-interna-Thrombose. Wien. med. Wschr. 117 (1967) 846

Püllmann, A.: Der umkehrbare Tod. Ther. d. Gegenw. 106 (1967) 415

Püllmann, A.: Entnahme oder Wiederbelebung. Dtsch. Allg. Sonntagsbl. 21 (1968) 6

Radhakrishnan, S.: Die Weltgesellschaft heute. Universitas 24 (1969) 793

Reinicke, A. H.: Der manipulierbare Tod. Ärztl. Praxis 19 (1967) 3027

Revillard, M. L.: Diskussionsbemerkungen. In: Ethics in Medical Progress, hrsg. von G. E. W. Wolstenholme, M. O'Connor. Churchill, London 1966

Ridder, H.: Die Schadensbelastung wächst. mb der arzt 9 (1970) 386

Rittmeyer, P.: Kriterien des Todes und die Wiederbelebung. Niedersächs. Ärztebl. 15 (1969) 627

Rittmeyer, P.: Kriterien des Todes und die Wiederbelebung. Med. heute 2 (1970) 40

Rössle, R., F. Roulet: Maß und Zahl in der Pathologie. Springer, Berlin 1932

Röttgen, P.: Diskussionsbemerkungen. In: Der Hirntod, hrsg. von H. Penin, C. Käufer. Thieme, Stuttgart 1969

Roxin, C.: Diskussionsbemerkungen. In: Rundgespräch „Atemstillstand – Herzstillstand – Tod". Langenbecks Arch. klin. Chir. 325 (1969) 1092

Russel, B. Lord: Unsere Zukunft und die wissenschaftliche Zivilisation. Universitas 24 (1969) 1129

Russel, W. R.: Not allowed to die. Brit. med. J. 1968/I, 576

Safar, P.: Resuscitation, Controversial Aspects. Springer, Berlin 1963

Safar, P.: Kardiopulmonale Wiederbelebung. Richtlinien für Ärzte und Laieninstruktoren. Weltbund der Anaesthesiegesellschaften, o.O. 1968

de Saint-Exupéry, A.: Wind, Sand und Sterne. Rauch, Düsseldorf 1968
Sawicki, J.: Resuszitation und die Verantwortlichkeit des Arztes in rechtlicher Sicht. In: Aktuelle Fragen der gerichtlichen Medizin, hrsg. von M. Vámoši. Martin-Luther-Univ., Halle 1967
Schadewaldt, H.: Arzt und Patient in antiker und frühchristlicher Sicht. Med. Klin. 59 (1964) 146
Schadewaldt, H.: Der Arzt vor der Frage von Leben und Tod. Saarl. Ärztebl. 22 (1969) 179
Scharfetter, F.: Die Zeichen des unabwendbaren Todes und die Frage, wann die Wiederbelebung als aussichtslos einzustellen ist. Z. Allg. Med. 45 (1969) 830
Schiefer, W.: Diagnostische Maßnahmen bei intrakranieller Drucksteigerung. Langenbecks Arch. klin. Chir. 327 (1970) 940
Schipperges, H.: Moderne Medizin im Spiegel der Geschichte. Thieme, Stuttgart 1970
Schipperges, H.: Der Tod. Med. Monatsspiegel Merck. 7 (1971) 98
Schleyer, F.: Todeszeitbestimmung. In: Lehrbuch der Gerichtlichen Medizin, 3. Aufl., hrsg. von A. Ponsold. Thieme, Stuttgart 1967
Schleyer, F.: Der Beweiswert der Todeszeitbestimmung. Beitr. gerichtl. Med. 25 (1969) 66
Schmidt, E.: Der Arzt im Strafrecht. Ärztliche Rechtskunde. In: Lehrbuch der Gerichtlichen Medizin, 3. Aufl., hrsg. von A. Ponsold. Thieme, Stuttgart 1967
Schneider, H., W. Masshoff, G. A. Neuhaus: Zerebraler Tod und Reanimation. Wiederbelebung Organers. 4 (1967) 88
Schneider, H., W. Masshoff, G. A. Neuhaus: Klinische und morphologische Aspekte des Hirntodes. Klin. Wschr. 47 (1969) 844
Schneider, M.: Die Wiederbelebungszeit verschiedener Organe nach Ischämie. Langenbecks Arch. klin. Chir. 308 (1964) 252
Schneider, M.: Überlebens- und Wiederbelebungszeit von Gehirn, Herz, Leber, Niere nach Ischämie und Anoxie. Westdeutscher Verlag, Köln 1965
Schober, K.-L., J. Huth, P. Fritsche: Pulmonale Embolektomie. Zbl. Chir. 87 (1962a) 2038
Schober, K.-L., J. Huth, G. Baust, G. Benad, P. Fritsche, K.-H. Martin: Erfahrungen mit der pulmonalen Embolektomie. Bruns Beitr. klin. Chir. 205 (1962b) 191
Schöllgen, W.: Ärztliche Ethik und christliche Moraltheologie. Stud. gen. 6 (1953) 39
Schöne, H.: Intensivpflegeeinheiten im Krankenhaus aus der Sicht der Verwaltung. In: Zentrallehrgang 27.4.–1.5.1969 in Schenkenzell, hrsg. von der Studienstiftung der Verwaltungsleiter deutscher Krankenanstalten 23 (1969) 37
Schönig, R.: Zur Feststellung des Todeszeitpunktes. Neue jur. Wschr. 21 (1968) 189
Schönke, A., H. Schröder: Strafgesetzbuch-Kommentar. Beck, München 1969
Schwab, R. S., F. Potts, A. Bonazzi: EEG as an aid in determining death in the presence of cardiac activity (ethical, legal and medical aspects) Electroenceph. clin. Neurophysiol. 15 (1963) 147
Schwalm, G.: Über den Beginn des menschlichen Lebens aus der Sicht des Juristen. Med. Klin. 62 (1967) 1556
Schwalm, G.: Der Arzt am Unfallort. Med. Klin. 63 (1968) 1648
Schwalm, G.: Diskussionsbemerkungen. In: Bericht über die Tagung der Evangelischen Akademie in Bad Boll, 11.–13.10.1968. Euromed 9 (1969) 126
Schweitzer, A.: Kultur und Ethik. Beck, München 1960
Schweizerische Akademie der medizinischen Wissenschaften: Richtlinien für die Definition und die Diagnose des Todes. Schweiz. Ärztezeitg. 50 (1969) 431
Schwerd, W.: Todeszeit und Leichenschau heute und morgen. Arztrecht (1969) 163
Shapiro, H. A.: Brain death and organ transplantation. J. forens. Med. 15 (1968) 89
Sherrington, C. S.: On reciprocal innervation of antagonistic muscles. Proc. roy. Soc. B. 60 (1896) 414
Siegrist, H. O.: Organtransplantation und Recht. Betrachtungen eines Schweizer Juristen. Münch. med. Wschr. 111 (1969) 742
Silverman, D.: Cerebral death and the electroencephalogram. J. Amer. med. Ass. 209 (1969) 1505
Simpson, K.: The moment of death. A new medico-legal problem. S. Afr. Med. J. 41 (1967) 1188
Simpson, K.: The moment of death. Acta anaesth. scand. Suppl. 29 (1968) 361
Simson, G.: Euthanasie als Rechtsproblem. Neue Jurist. Wschr. 17 (1964) 1153
Simson, G.: Fragen der Abtreibung und Sterbehilfe in Schweden. Juristenzeitg. 20 (1965) 636
Sjövall, H.: Die Kriterien des Todes in Beziehung zur Wiederbelebung und zur Entnahme der Organe für die Transplantation. In: Aktuelle Fragen der gerichtlichen Medizin, hrsg. von M. Vámoši. Martin-Luther-Univ. Halle 1967

Smith, J. G.: Principles of forensic medicine. Underwood, London 1821
Sowjetische Stellungnahme: Zur Weiterentwicklung der Organtransplantationen. Sowjetunion heute 13 (1968) 20
Spann, W.: Ärztliche Rechts- und Standeskunde. Lehmann, München 1962
Spann, W.: Strafrechtliche Probleme an der Grenze von Leben und Tod. Dtsch. Z. ges. gerichtl. Med. 57 (1966) 26
Spann, W.: In: Grenzgebiete zwischen Leben und Tod. ref. Selecta 10 (1968) 3303
Spann, W.: Vorstellungen zur Gesetzgebung über den tatsächlichen Todeszeitpunkt. Münch. med. Wschr. 111 (1969) 2253
Spann, W.: Diskussionsbemerkungen. In: Podiumsgespräch „Grenzen der Wiederbelebung und Intensivtherapie". In: Anasthesiologie und Wiederbelebung, Bd. LV, hrsg. von K. Hutschenreuter, K. Wiemers. Springer, Berlin 1971
Spann, W., E. Liebhardt: Reanimation und Feststellung des Todeszeitpunktes. Münch. med. Wschr. 108 (1966) 1410
Spann, W., E. Liebhardt: Rechtliche Probleme bei der Organtransplantation. Münch. med. Wschr. 109 (1967) 672
Spann, W., J. Kugler, E. Liebhardt: Tod und elektrische Stille im EEG. Münch. med. Wschr. 109 (1967) 2161
Sporken, P.: Darf die Medizin, was sie kann? Probleme der medizinischen Ethik. Patmos, Düsseldorf 1971
Starzl, T. E.: Diskussionsbemerkungen. In: Ethics in medical progress, hrsg. von G. E. W. Wolstenholme, M. O'Connor. Churchill, London 1966
Steinbereithner, K.: Grenzgebiete zwischen Leben und Tod – Anaesthesiologische Probleme. Wien. klin. Wschr. 81 (1969) 530
Steinbereithner, K.: Diskussionsbemerkungen. In: Podiumsgespräch „Grenzen der Wiederbelebung und Intensivtherapie". In: Anästhesiologie und Wiederbelebung, Bd. LV, hrsg. von K. Hutschenreuter, K. Wiemers. Springer, Berlin 1971
Strassmann, F.: Interview zum Tode von Otto Hahn. Die Zeit 2.8.1968
Sustar, A.: Moraltheologische Fragen bei Herztransplantation. Schweiz. Kirchenzeitg. 136 (1968) 52
Symmers, W. S.: Not allowed to die. Brit. med. J. 1968/I, 442
Thélin, M.-H.: Die gegenwärtigen Beziehungen zwischen Medizin und Recht. Documenta Geigy Arzt und Recht, Basel 1970 (S. 2)
Thielicke, H.: Der Arzt als Richter. Christ u. Welt 20 (1967) 20
Thielicke, H.: Ethische Fragen der modernen Medizin. Langenbecks Arch. klin. Chir. 321 (1968a) 1
Thielicke, H.: Das Recht des Menschen auf seinen Tod. Fortschr. Med. 86 (1968b) 1067
Thielicke, H.: Wer darf leben? Ethische Probleme der modernen Medizin. Goldmann, München 1970
Tönnis, W., R. A. Frowein: Wie lange ist Wiederbelebung bei schweren Hirnverletzungen möglich? Mschr. Unfallheilk. 66 (1963) 169
Tönnis, W., W. Schiefer: Zirkulationsstörungen des Gehirns im Serienangiogramm. Springer, Berlin 1959
Toynbee, A. J.: Menschheit – woher und wohin? Kohlhammer, Stuttgart 1969
Toynbee, A. J.: Ausblick auf die Zukunft. Der weitere Weg der Menschheit. Universitas 25 (1970a) 1
Toynbee, A. J.: Vor der Linie. Der moderne Mensch und der Tod. Fischer, Frankfurt 1970b
United Nations: Economic and social council. Commission for Social Development. Draft declaration of the rights of the mentally retarded. Note by the Secretary-General. E/CN. 5/468 3.11.1970
Uotila, U.: Definition of death. World Medical Association. New York 1968
Véghelyi, P. V.: Ethics of intensive treatment. Anaesthesist 19 (1970) 468
Vossschulte, K.: Diskussionsbemerkungen. In: Rundgespräch „Atemstillstand – Herzstillstand – Tod". Langenbecks Arch. klin. Chir. 325 (1969) 1092
Voigt, J.: The criteria of death. Particularly in relation to transplantation surgery. Wld med. J. 14 (1967) 143
Wachsmuth, W.: Eröffnungsansprache bei der 84. Tagung der Gesellschaft für Chirurgie. Langenbecks Arch. klin. Chir. 319 (1967) 3
Wagner, F.: Die Einheit der Wissenschaft als Grundfrage unserer Zeit – Das Weltproblem der „Zwei Kulturen". Universitas 23 (1968) 825
Wagner, H.-J.: Zur Problematik wissenschaftlicher Versuche am Menschen aus gerichtsärztlicher Sicht. Saarl. Ärztebl. 20 (1967) 281
Wagner, H.-J.: Das Verhalten des Arztes bei tödlichen Verkehrsunfällen. Dtsch. Ärztebl. 66 (1969) 2748
Walther, D.: Über die maximale Funktionszeit und die Wiederbelebungszeit von Organen. Med. Mschr. 19 (1965) 386

Wappenschmidt, J.: Radiologische Aspekte des Hirntodes bei traumatischen Hirnschädigungen und intrakraniellen Drucksteigerungen. In: Der Hirntod, hrsg. von H. Penin, C. Käufer. Thieme, Stuttgart 1969

Wassermann, H. P.: Problematical aspects of the phenomenon of death. Wld med. J. 14 (1967) 146

Wawersik, J.: Kriterien des Todes unter dem Aspekt der Reanimation. Chirurg 39 (1968) 345

Wawersik, J.: Diskussionsbemerkungen: In: Rundgespräch „Atemstillstand – Herzstillstand – Tod". Langenbecks Arch. klin. Chir. 325 (1969a) 1092

Wawersik, J.: Klinik und Diagnostik des Hirntodes unter besonderer Berücksichtigung der zerebralen Hypoxie als auslösende Ursache. In: Der Hirntod, hrsg. von H. Penin, C. Käufer. Thieme, Stuttgart 1969b

Wawersik, J.: Todeszeitpunkt und Organtransplantation. Dtsch. Ärztebl. 66 (1969c) 1315

Wawersik, J.: Kriterien des Todes. Stud. gen. 23 (1970) 319

Wawersik, J.: Diskussionsbemerkungen. In: Podiumsgespräch „Grenzen der Wiederbelebung und Intensivtherapie". In: Anaesthesiologie und Wiederbelebung, Bd. LV, hrsg. von K. Hutschenreuter, K. Wiemers. Springer, Berlin 1971

Weale, F. E.: Point of death. Brit. med. J. 1968/I, 442

Weissauer, W.: Arbeitsteilung und Abgrenzung der Verantwortung zwischen Anaesthesist und Oprerateur. Anaesthesist 11 (1962) 239

Weissauer, W.: Der Tod in der Sprechstunde in rechtlicher Sicht. Informat. dtsch. Ges. Anaesth. Wiederbeleb. 10 (1969) 3

Weissauer, W.: Diskussionsbemerkungen. In: Podiumsgespräch „Grenzen der Wiederbelebung und Intensivtherapie". In: Anaesthesiologie und Wiederbelebung, Bd. LV, hrsg. von K. Hutschenreuter, K. Wiemers. Springer, Berlin 1971

v. Weizsäcker, C. F.: Die Verantwortung der Wissenschaft im Atomzeitalter. Vandenhoeck & Ruprecht, Göttingen 1963

v. Weizsäcker, C. F.: Bedingungen des Friedens. Vandenhoeck & Ruprecht, Göttingen 1964

v. Weizsäcker, C. F.: Die Tragweite der Wissenschaft. Hirzel, Stuttgart 1966

v. Weizsäcker, C. F.: Der Weltfriede als Lebensbedingung des technischen Zeitalters. Universitas 22 (1967a) 1121

v. Weizsäcker, C. F.: Gedanken über unsere Zukunft. Vandenhoeck & Ruprecht, Göttingen 1967b

v. Weizsäcker, C. F.: Der ungesicherte Friede. Vandenhoeck & Ruprecht, Göttingen 1969

Weltärztebund: Die Deklaration von Helsinki. Dtsch. Ärztebl. 61 (1964) 2533

Weltärztebund: Die Erklärung von Sidney. Dtsch. Ärztebl. 65 (1968) 1865

Weltärztebund: Probleme des ärztlichen Berufs in weltweiter Sicht. Dtsch. Ärztebl. 66 (1969) 2094

Weltärztebund: Vom ärztlichen Berufsethos bis zum Drogen-Abusus. Dtsch. Ärztebl. 68 (1971) 2791

Werthemann, A.: Hinweis auf die Richtlinien der Akademie für die Definition und die Diagnose des Todes. Bull. schweiz. Akad. med. Wiss. 26 (1970) 5

Wiemers, K.: Probleme und Definition des klinischen Todes. Internist 10 (1969) 181

Wiemers, K.: Diskussionsbemerkungen. In: Podiumsgespräch „Grenzen der Wiederbelebung und Intensivtherapie". In: Anasthesiologie und Wiederbelebung, Bd. LV, hrsg. von K. Hutschenreuter, K. Wiemers. Springer, Berlin 1971

Williamson, W. P.: Life or death – whose decision? J. Amer. med. Ass. 197 (1966) 793

Winter, A.: The Moment of Death. Thomas, Springfield/Ill. 1969

Wisser, R.: Verantwortung im Wandel der Zeit Hase & Koehler, Mainz 1967

Wolstenholme, G. E. W., M. O'Connor: Man and his Future. Churchill, London 1963

Wolstenholme, G. E. W., M. O'Connor: Ethics in Medical Progress. Churchill, London 1966

Wright, I. S.: Who should make the decisions? In: The Moment of Death, hrsg. von A. Winter. Thomas, Springfield/Ill. 1969

Wüllenweber, R., U. Gött, J. Wappenschmidt: Klinische, anaesthesiologische und radiologische Aspekte des Hirntodes bei traumatischen Hirnschädigungen und intrakraniellen Drucksteigerungen. In: Der Hirntod, hrsg. von H. Penin, C. Käufer. Thieme, Stuttgart 1969

Zander, E., O. Cornu: Les critères de la mort cérébrale. Schweiz. med. Wschr. 100 (1970) 408

Zbinden, H.: Mensch und Technik in unserer Zeit. Francke, Bern 1967

Ziegler, J. F.: Grenzgebiete der Anaesthesie und Theologie. Anaesthesist 20 (1971) 453

Zimen, K.-E.: Die Krise unserer Zivilisation und die Wissenschaft. Universitas 26 (1971) 77

Sachverzeichnis

A

Agonie 22f.
– künstlich verlängerte 6
Alles-oder-Nichts-Gesetz 72
Alter, hohes 1, 79, 81
Ambivalenz 5ff.
Analeptika 45
Analgetika 64
Anästhesie 2, 4
s. auch Anästhesiologie
– im engeren Sinn 1f.
– Risiko 1
– vitale Funktionen 2
Anästhesiologie, Ausbau 1, 4
Angehörige 46, 48ff., 80f.
Angiogramm, Aortenbogen 88
– Hirndurchblutung 30
– Serienangiographie 29f., 35
– Systemblutdruck 31f.
– Zirkulationsstillstand 31
– Zirkulationszeit 30, 32
Anthropologie 8, 12f.
Anurie 75
Apallisches Syndrom 16, 33
Areflexie 25
Arzt-Patient-Verhältnis 61
Ärztliche Entscheidung 41, 49ff., 81ff.
Asphyxie 14
Atemlähmung 11
Atemstillstand 4, 10, 31, 74
Atemstörungen 32
– Schnappatmung 32, 67f., 74f.

B

Beatmung, künstliche 3, 6f., 11, 49, 60, 71
Berufsordnung, Ärzte 43
Bewußtlosigkeit 4, 15, 46, 54
Bewußtsein 5, 48
Bundesärztekammer 20

D

Dauerbeatmung 3
Definition menschlichen Lebens 11ff., 42, 59
– Tod 10, 17
– – „Individualtod" 33
– – Leiche 38
– – Partialtod 17
Deklaration von Helsinki 12
Dezerebrationssyndrom 33
Dialyse 5, 11, 56, 59
Dokumentation 86

E

Eid des Hippokrates 8, 57
Einwilligung des Patienten 80
Elektroenzephalogramm 11, 25
– Nullinie 25, 90
Elektrokardiogramm 11
Erfolgsabwendungspflicht 45
Erholungslatenz 15
Erholungszeit 15
Erklärung von Sydney 20, 38, 59, 77
Erlaubtheit, technisch Mögliches 47, 60
Ethik, internationale Tagungen 57

F

Funktionszeit, maximale 14

G

Gehirn 13ff.
Geisteskranke 13, 42, 58
Geisteswissenschaften 87, 90
Geistiger Wandel 1ff., 51
Genfer Gelöbnis 65
Gewissen, ärztliches 9, 83
„Gnadenaktionen", nazistische 84
Greisenalter s. Alter, hohes
Grundbedürfnisse 72

H

Halswirbelluxation 7, 71
Herz 15
Herz-Lungen-Maschine 11
Herzmassage 3
Herzschrittmacher 11
Herzstillstand 3, 69, 74, 78, 87
– weak action 31
Hilfeleistung, Letztmaligkeit 82
– unterlassene 43, 45, 69, 73
Hilfeleistungspflicht 42f., 65
Hirndruck 32
Hirnödem 4, 70
Hirnschaden, anoxischer 16
– direkter 25, s. auch Schädel-Hirn-Trauma
Hirntod 17, 19f., 31, 35, 37, 42, 51, 61, 69
– Apnoe 25
– Areflexie 25
– arterio-venöse Sauerstoffdifferenz 35
– Belgien 93
– BRD 93
– ČSSR 93
– Dänemark 93
– Diagnose 32, 90
– Diagnostik 37
– einzelne Länder 92ff.
– fehlende Lichtreaktion 25
– Finnland 94
– Frankreich 94
– gesetzliche Regelung 92
– Großbritannien 94
– Herzaktion 67
– Hirndurchblutung 35
– Hypothermie 33f.
– Irland 94
– Italien 95
– Japan 95
– Kanada 95
– Kindesalter 33
– Koma 25, 70
– kortikale Gleichspannung 35
– Kriterien 24f., 67
– Mydriasis 25
– Niederlande 95
– Norwegen 95
– Potentiale, evozierte 35
– – provozierte 35
– Sauerstoffdruckmessung 35
– Sauerstoffsättigung 35
– Sauerstoffverbrauch 35
– Schnappatmung 32, 67f., 74f.
– Schweden 95
– Schweiz 95
– sichtbares Ausmaß 69
– Spanien 95
– spinale Reflexe 25
– Stammhirnschädigung 35
– Streckkrämpfe 32, 68, 87
– Trachealreflex 25
– UdSSR 96
– USA 96
– Würgreflex 25
Hypothermie 11, 15f.

I

Individuelle Beurteilung 81
Infusionstherapie 6, 60
Inhumanität 79
Inkurable Patienten 5
Intensivbehandlung s. Intensivtherapie
Intensivtherapie 4, 24, 43, 47, 52, 58f.
– Kosten 55f.
– Letalität 52
– Querschnittslähmung 71
– Selbstzweck 65
Interdisziplinäres Gespräch 90
Intoxikation s. Vergiftung
Irreversibilität, Termin 24, 38
Ischämie 14

J

Jurisprudenz 8, 62

K

Kindesalter 66
Koma, irreversibles 70
– urämisches 5
Konfliktsituationen 7
Konsilarius 47
Konsilium, ärztliches 85f.
Krebskranke, inkurable 73
Kreislaufstillstand 10, 71
– intrakranieller 25
Künstliche Niere s. Dialyse

L

Lähmungszeit 14
Leben, biologisches 59
– Grundfunktionen 12
– menschliches
s. Definition menschlichen Lebens
Lebenserhaltungspflicht 44, 51
Lebenserscheinungen 10
Lebensverkürzung 62, 65
Lebensverlängerung 6, 45, 47ff., 62f.
Leibgeistige Einheit 12
Leichenschaurecht 42
Leichenschauwesen 70
Lichtreaktion, fehlende 25
Lungenembolie, massive 3, 78

M

Machtbefugnisse, Medizin 87
Martyrium, protrahiertes 6
Massivtransfusion 3
Medizin, Entwicklung 1ff.
– Fortschritte 5f., 40f.
– Mißbrauch 84
– Sicherheit 86
Mensch-Qualität 72
s. auch Definition menschlichen Lebens
Moraltheologie 13
Moribunde 53, 79
Mydriasis 25

N

Naturwissenschaft 62, 87, 90
Nekrobiose 23

O

Obduktion 70
Öffentlichkeit, Ansprüche 40
Operationsmöglichkeiten, erweiterte 2
Operationsrisiko 1
Organtransplantation 14

P

Parenterale Ernährung 6
Partialtod 17
Pause, terminale 22
Philosophie 8, 62
Poliomyelitis 72
Polytraumatisation 3, 56
Prognose, infauste 49, 52, 54, 58, 66f., 69, 72f., 74f., 86

Q

Querschnittslähmung 7, 71

R

Reanimation s. Wiederbelebung
Recht zum Sterben 77f.
Rechtsfähigkeit, Ende 41
s. auch Definition, Tod und Todesfeststellung
Rechtslehre 39, 40ff., 50f.
Rechtsordnung 13, 40ff.
Rechtsprechung 39
– Kunstfehlerprozesse 41
Respirator, Abschalten 47f., 77

S

Schädel-Hirn-Trauma 30, 46, 54, 67f., 75
Scheintod 17
Schwebezeit 25, 31, 33, 35, 38
s. auch Hirntod, Kriterien
Selbstbewußtsein 12
Selbstmordversuch 43
Sinn ärztlichen Handelns 6, 45f., 59, 62
Soziologie 8, 62
Stellungnahme, Ärzte Kanton Bern 83
– British Medical Association 21
– Canadian Medical Association 21
– Deutsche EEG-Gesellschaft 21
– Deutsche Gesellschaft für Anästhesie 20
– Deutsche Gesellschaft für Chirurgie 20
– Finnischer Ärztebund 21
– Gesellschaft für Anästhesiologie der ČSSR 21
– internationale Kongresse 22
– Japanische EEG-Gesellschaft 21
– Papst Pius XII. 53, 80
– Schweizerische Akademie der medizinischen Wissenschaften 22
– aus UdSSR 22
– UNO-Generalsekretär 53
– aus USA 22
– aus verschiedenen europäischen Ländern 21
Sterbehilfe 64ff., 66
Sterben 23, 44
– Irreversibilität 38, 44, 63f., 79
– Leiche 38
– protrahiertes 6, 45, 49, 54
Sterbenlassen 47, 51
Störungen, lebensbedrohliche 6
Strafrecht, ärztliches 46
Streckkrämpfe 4

T

Tetanuspatienten 46, 56, 72
Thanatologie 10
Theologie 8, 62
Therapie, Einstellung 18, 24, 27, 30, 39, 47ff., 51, 73ff., 77, 90
– Durchführbarkeit 59
– Indikation 69
– Verzicht 44, 65ff., 69, 72
– – Kindesalter 66
Therapieabbruch, s. Therapie, Einstellung

Tod, klinischer 22f.
Todesbegriffe 19
Todesdefinition 20ff.
Todesfeststellung 24ff., 69
Todeszeichen 24f., 43
– sichere 24
– unsichere 24
Todeszeitpunkt 6, 7, 10, 18, 36ff., 42f., 44
Toterklärung 50
Tötung 44f., 69

U

Überlebenszeit 14f.
Unterlassung 46, 47f., 66

V

Verantwortung, ärztliche 8, 82, 90
Vergiftung 30
Verhältnis Arzt–Patient 61
Verlängerung der Qualen 63, 72
Vitales Prinzip 12
Vitalwert 60

W

Wandel des Verstehens 8
Weltärztebund, s. Deklaration von Helsinki, Erklärung von Sydney, Genfer Gelöbnis
Wertungen 84
Wiederbelebung 2f., 10, 14, 24, 43f., 47, 58f., 69
– Einstellung 74
– Querschnittslähmung 71
– Selbstzweck 65
Wiederbelebungszeit 15
– Gehirn 66
– unterschiedliche 15f., 32, 34

Z

Zusammenarbeit, ärztliche 2, 4, 85ff.
Zuständigkeit 8f.